本书受到教育部人文社会科学重点研究基地重大项目"共同富裕背景下的城市治理现代化与城乡融合发展研究"（22JJD630023）、国家社会科学基金项目"共建共治共享背景下社区公共空间治理的政策选择研究"(18CZZ029)的资助。

以人民为中心的
空间治理

性质、机制与逻辑

周寒 张雪帆 著

中国社会科学出版社

图书在版编目（CIP）数据

以人民为中心的空间治理：性质、机制与逻辑 / 周寒，张雪帆著. -- 北京：中国社会科学出版社，2025.8. -- ISBN 978-7-5227-4356-1

Ⅰ. D669.3

中国国家版本馆 CIP 数据核字第 20256PU488 号

出 版 人	季为民
责任编辑	杨晓芳
责任校对	李 硕
责任印制	张雪娇

出　　版	中国社会科学出版社
社　　址	北京鼓楼西大街甲 158 号
邮　　编	100720
网　　址	http://www.csspw.cn
发 行 部	010-84083685
门 市 部	010-84029450
经　　销	新华书店及其他书店
印　　刷	北京明恒达印务有限公司
装　　订	廊坊市广阳区广增装订厂
版　　次	2025 年 8 月第 1 版
印　　次	2025 年 8 月第 1 次印刷
开　　本	710×1000　1/16
印　　张	13.5
插　　页	2
字　　数	191 千字
定　　价	88.00 元

凡购买中国社会科学出版社图书，如有质量问题请与本社营销中心联系调换
电话：010-84083683
版权所有　侵权必究

目录

第一章 社区公共空间治理：人民导向的空间转型 …… 1
 第一节 空间与人民：社会关系的生产 …… 2
  一 问题的提出 …… 3
  二 社区公共空间：理论基础与概念内涵 …… 5
  三 研究意义 …… 17
 第二节 社区公共空间治理研究脉络 …… 18
  一 基于多元主体参与的研究 …… 18
  二 基于治理模式的研究 …… 21
  三 基于产权身份的物业小区研究 …… 24
  四 研究述评 …… 28
 第三节 研究思路 …… 29

第二章 社区在中国：公共空间治理的重要场景 …… 31
 第一节 社区的概念溯源 …… 32
  一 理解社区：概念演变 …… 32
  二 公共空间在社区 …… 34
 第二节 从管理到治理：社区的结构性转变 …… 37
  一 寓管理于治理：理念更新 …… 38
  二 社区治理格局的形成 …… 40

第三节 从部门职能到国家治理的政策变迁 ………………………… 42
　　一 部门职能下的社区管理 …………………………………… 42
　　二 国家体系下的社区治理 …………………………………… 44

第三章 社区公共空间的多重属性 …………………………………… 46
第一节 社区公共空间的制度属性 ………………………………… 47
　　一 社区公共空间的制度体系 ………………………………… 48
　　二 城乡社区的空间政策安排 ………………………………… 51
　　三 社区公共空间的产权制度 ………………………………… 54
第二节 社区公共空间的观念属性 ………………………………… 57
　　一 公众视角下的社区公共空间意涵 ………………………… 58
　　二 公众建构下的社区公共空间特质 ………………………… 59
第三节 社区公共空间的社会属性 ………………………………… 63
　　一 社区公共空间治理的多元主体构成 ……………………… 63
　　二 多元主体互动中的社区公共空间治理 …………………… 66
第四节 基于不同场景的社区公共空间的多元特质 ……………… 69
　　一 传统社区的空间：都市生活与历史传承 ………………… 69
　　二 城中村的空间：本地与外地的相遇 ……………………… 73
　　三 物业小区的共有空间：产权的意义 ……………………… 75
　　四 功能性的社区空间：多场景的空间营造 ………………… 76

第四章 矛盾凸显：社区公共空间治理的症结 ……………………… 82
第一节 空间资源配置与居民需求的不匹配 ……………………… 83
　　一 社区公共空间面临资源约束 ……………………………… 84
　　二 空间无法满足人民需要 …………………………………… 87
第二节 基于治理过程的偏差 ……………………………………… 93
　　一 空间规则难以有效调适居民行为 ………………………… 93
　　二 不同治理主体之间的矛盾呈现多样态 …………………… 97
　　三 空间治理矛盾场景化 ……………………………………… 104

第三节　产权身份与空间共有的不对等 …………………… 106
　　一　基于共有物权的冲突 …………………………………… 106
　　二　私人空间的公共性界定难 ……………………………… 113

第五章　回归人民本位：社区公共空间治理的思路转变 ………… 116
　第一节　理念转变：以人民为中心的治理 …………………… 116
　　一　建构社区生活共同体：社区公共空间治理的最终目标 … 116
　　二　回应人民关切：社区公共空间治理的核心内容 ………… 117
　　三　多元主体协同：社区公共空间治理的重要构成 ………… 117
　　四　激发制度活力：社区公共空间治理的重要保障 ………… 118
　第二节　思路调整：为人民而建的空间 ……………………… 119
　　一　以人民为中心的政策制定 ……………………………… 119
　　二　服务人民的需求回应 …………………………………… 120
　　三　团结人民的共识达成 …………………………………… 121
　　四　组织人民的制度设计 …………………………………… 121
　第三节　路径转换：社区公共空间治理的策略选择 ………… 122
　　一　需求匹配：规划与服务并重 …………………………… 122
　　二　纠正偏差：建构社区治理共识 ………………………… 124
　　三　问题解决：多元主体协同治理 ………………………… 125

第六章　总结与讨论 ………………………………………………… 128
　第一节　迈向共建共治共享的社区公共空间治理未来 ……… 128
　　一　共建：优化社区公共空间治理的体制机制设计 ………… 129
　　二　共治：搭建多元主体参与的协同治理网络 ……………… 133
　　三　共享：打造人民满意的空间 …………………………… 137
　第二节　实现社区公共空间共建共治共享的治理选择 ……… 141
　　一　消解社区公共空间治理张力的对策建议 ………………… 142
　　二　社区公共空间治理的经验借鉴 ………………………… 149

附录　社区公共空间治理创新典型案例汇集 ·················· 164
  一　社区公共空间管理 ······································· 164
  二　社区公共空间的社会互动 ······························· 173
  三　社区公共空间的设施与服务 ···························· 181
  四　社区公共空间的更新与运营 ···························· 189

参考文献 ·· 203

后　记 ·· 207

第一章
社区公共空间治理：人民导向的空间转型

党的二十大报告指出，"我们坚持把实现人民对美好生活的向往作为现代化建设的出发点和落脚点，着力维护和促进社会公平正义，着力促进全体人民共同富裕，坚决防止两极分化"。带领人民创造美好生活是党的奋斗目标。无论是社会主义现代化建设还是人民美好生活的实现，都离不开社会治理格局的创新发展。从党的十八届五中全会提出"构建全民共建共享的社会治理格局"，到党的十九大提出"打造共建共治共享的社会治理格局"，政策话语表述的转变深刻反映了党和国家对于社会治理格局理念的深化与发展。这意味着社会治理创新既需要优化和完善社会治理方式，还需要发挥多元主体的治理优势，最终实现发展成果由人民共享，为人民创造美好生活。

当然，政策话语的转变还立足我国经济社会的急剧变迁。我国正处于市场化、城市化、工业化、信息化"四化"齐头并进的转型时期。急剧的社会变迁重塑着社会结构的复杂性。市场化进程催生了各类社会群体的形成，并加速了城市化进程的推进。社会结构在发生变化的同时还呈现出高流动性和强异质性的特征。这在使市场转型充满活力的同时，也增加了个体的不安全感和不信任感。如何消弭陌生人社会对以"熟人社会"为基础的社会结构的冲击，实现社会良性运转成为社会治理不可回避的重要问题。与此同时，治理过程的复杂性和动态性需要我们重视对治理矛盾的识别与疏解，并最终提升人民对治理的认同。社区作为国家治理和社会治理的基本单位，其能否实现有效治理直接关乎居民的生活体验、社会的和谐稳定和国家治理能力的提升。习近平强调，"社会治理的重心必须落到城乡社区，社区服务和管理能力强了，社会治理的基础就实了"。由此，社区治理的基础性作用、不可替代的角色更为彰显。随着社会结构多元化而形成的居民诉求的多元化，空间特别是在社区的各类空间并不能因其过于稀疏平常而被视为社区治理的既定的物理载体。面向空间的治理开始逐渐纳入政策议程中，并与人民生活紧密相关。

第一节　空间与人民：社会关系的生产

《中共中央　国务院关于加强和完善城乡社区治理的意见》明确指出，要"探索建立社区公共空间综合利用机制"。《中共中央　国务院关于加强基层治理体系和治理能力现代化建设的意见》中提出，"将综合服务设施建设纳入国土空间规划，优化以党群服务中心为基本阵地的城乡社区综合服务设施布局"。由此，空间成为推进共建共治共享社会治理格局的重要一环。国家"十四五"规划纲要提出，要推动城市空间品质提升，尤其要增加绿化节点和公共开敞空间。当然，对于空间的关注同样需要延伸到理论的想象与建构中。

回归到理论丛林中，西方马克思主义者始终强调空间本身的意义。特别是在列斐伏尔看来，空间不仅仅是各种社会关系的容器，而且是由社会关系所支撑，并为社会关系的生产和再生产所塑造的。西方马克思主义城市研究的空间转向（spatial turn）由此开启。戴维·哈维的《社会正义与城市》一书探讨了空间形态与社会过程的紧密关系，其主张要将规划学者视野中的时空话语即物理邻里观和社会学者话语体系中的社会功能观整合起来思考空间究竟是什么的问题[1]。与此同时，戴维·哈

---

[1] ［英］戴维·哈维：《社会正义与城市》，叶超等译，商务印书馆2022年版，第35页。

维将地理不均衡发展归因为资本积累过程中而形成的不平等，因此提出地域正义（territorial justice）这一概念。具体来说，空间区位本身就是空间优势的彰显，和优势空间相比，一些空间则因资源、服务、配套等不足而存在衰败的情况。作为资源的空间，强调人人均有机会进入和使用，即机会平等。苏贾（Edward W. Soja）延续哈维对于空间的关注，在《后大都市：城市和区域的批判性研究》一书的开篇就强调将空间置于首位，其主要观点是，人本身就是"空间性的存在者"，人总是与"空间与场所、疆域与区域、环境与居所"产生关联[①]。一方面，人类行为和观念塑造着空间；另一方面，"人类的空间性是人类动机和环境或者语境构成的产物"[②]。斯科特（Allen J. Scott）和斯托珀（Michael Storpe）则认为城市空间由生产空间（production space）、社会空间（social space）和流通空间（circulation space）构成，并成为理解城市土地关系的三大维度[③]。西方马克思主义者对于空间本质问题的讨论为我们理解社区公共空间治理提供了扎实的理论基础。对空间的关注关乎理论创新，关乎制度设计，更关乎空间经验，日常的空间实践直接体现着空间治理所面临的新挑战。

一　问题的提出

从全球范围来看，集聚一定人群规模的空间都是矛盾产生的地点，这也在一定程度上成为社会治理的难题之一。"广场舞"扰民、遛狗伤人、违规占道，凡此种种针对空间使用的争夺现象在中国城市中已经屡见不鲜，已然成为社会治理的难题。为何那些旨在提高人民生活质量的空间设计没有被充分利用，为何规划中的空间功能与实际功能出现偏离，为何商品房小区内共有空间的争夺如此激烈，这些问题已经得到充分的

[①] ［美］Edward W. Soja：《后大都市：城市和区域的批判性研究》，李钧等译，上海教育出版社2006年版，第7—8页。

[②] ［美］Edward W. Soja：《后大都市：城市和区域的批判性研究》，李钧等译，上海教育出版社2006年版，第8页。

[③] Allen J. Scott, Michael Storper, "The Nature of Cities: The Scope and Limits of Urban Theory", *International Journal of Urban and Regional Research*, Vol. 39, No. 1, Mar. 2015, p. 8.

关注，无论是经验层面还是研究层面都试图寻找解决问题的方法。人与空间的互动、制度与空间的关联、人与制度的互构，这些关系统一映射到空间的使用与治理之中。由于空间具有开放和集体使用等特征，发生在空间中的社会互动集中反映了社会中的结构矛盾[1]。空间因其自身特质在公与私、封闭与开放、单一与多元的张力中成为影响社区治理效能的关键。

本书将社区层面各类公共空间统称为社区公共空间，并与社区治理在属性上有着天然的契合。社区公共空间主要与追求剩余价值最大化的资本主义空间相区别，不是为资本积累服务的空间形态。正如列斐伏尔所强调的，社会主义空间的生产是"从支配到取用的转变，以及使用优于交换"[2]，即社区公共空间是为实现人民美好生活的空间形态及其制度安排。从产权划分来说，社区公共空间主要由国家所有的全民空间和基于集体（特别是业主身份）所有的共有空间构成。更进一步，从法律意义上来说，社区公共空间也指向相邻空间以及与之相匹配的相邻权。在社区场景下，空间的小尺度决定了其与行为主体在物理距离上的相近。空间权属、空间功能、空间设施配套等安排影响着人民的生活方式，并塑造着其对空间的观念，特别是其对空间风险的感知，更影响着居民的空间行为方式。这意味着人与空间的关系需要纳入法律关系中予以保护和规范。由此，社区公共空间关乎人民的美好生活，产权关系、法律关系内嵌其中，是体现以人民为中心的空间治理的关键。

与此同时，由于空间、制度与居民三者之间的关系相互关联，这些现实困境或者矛盾的解决不能只依靠基础设施建设或者管理效率的提高，也不能只寄托于资金投入或者只是加强政府部门的管理，而是需要在治理层面实现更为系统的转变。也即，当前社区公共空间"共建共治共享"的内涵已经从基于多元主体的设施管理或者物理空间的管理向多元矛盾治理转变。这种转变意味着社会治理要增强治理弹性并且在矛盾解

---

[1] Lynn Staeheli, Donald Mitchell, *The People's Property?: Power, Politics, and the Public*, New York: Routledge, 2008, pp. 119 – 121.
[2] 包亚明：《现代性与空间的生产》，上海教育出版社2003年版，第55页。

决中促进人民对治理的认同。因此，我们需要重新厘清中国治理情境下社区公共空间治理的理论基础与现实张力，进而为实现社区公共空间的共建共治共享提供支撑。

相较于关注空间功能设计和管理效率的研究，本书着重关注社区公共空间的性质、治理机制与逻辑。基于此，本书尤为关注以下三个核心问题：一是如何在理论层面理解社区公共空间的核心内涵以及本质属性；二是在中国城市社区治理场景下，社区公共空间治理面临哪些困境及其产生的原因；三是如何从治理实际出发消解社区公共空间治理的矛盾。围绕这三大问题，本书的整体结构分为六大部分，第一部分为导论，主要是从现实和理论层面分析社区公共空间治理的重要意义、现实挑战以及理论基础，并由此介绍本书的研究思路和研究方法。第二部分详细论述公共空间的治理场景——社区，从社区的概念缘起到社区治理理念的转变来展现社区场景下空间治理的结构性基础。第三部分则从制度、观念和社会三重属性出发分析社区公共空间的多重属性。分析社区公共空间的多重属性意在呈现社区公共空间治理的复杂关联，也正因社区公共空间多重属性的叠加使得社区公共空间治理矛盾凸显。第四部分详细分析了社区公共空间治理所面临的矛盾，即制度、治理过程、空间行为三大要素之间的张力。基于此，第五部分从消解空间治理矛盾出发，提出社区公共空间治理的思路转变。第六部分即总结与讨论部分，着重强调实现社区公共空间有效治理的政策选择和实践参考。

本书旨在明确实现社区公共空间共建共治共享治理格局的背景基础上，通过分析当前空间治理的多元结构性矛盾，指出在具体矛盾治理中需要依据怎样的类型与情境进行相应的调整和疏解，并探索社区公共空间弹性治理的路径选择，从而更好地促进社区共建共治共享治理格局的实现。

二 社区公共空间：理论基础与概念内涵

关于社区公共空间理论基础的探讨依然要回归到西方马克思主义空

间理论脉络中,其涉及空间的本体论、认识论、方法论等诸多面向的批判性建构和体系化论证。西方马克思主义空间理论揭示了空间与历史文化、社会关系、意识形态等方面的相互塑造。其之所以对空间有如此深入的反思,一方面是对与空间相关的哲学基础的解构与重构;另一方面,更直接的原因是对资本主义生产方式而引发的不均衡发展的洞察,这直接体现在城市空间的区隔以及阶层分化的空间化上①。从这个意义上来说,空间不仅是物理意义上的地点,而且是社会过程的产物,还是社会关系的体现。因资本积累而产生的不均衡已经从生产领域向消费领域扩展,从地方向全球扩张,并通过城市空间的异化来予以全面展现。因此,顺延这一思路,西方马克思主义者对于资本积累矛盾的批判,使其认为消解空间矛盾需要走向地域正义、城市正义、城市权等方向,并围绕这些关键概念展开讨论。

关于社区公共空间概念的提出和讨论与西方马克思主义空间理论相贯通,其将治理场景聚焦在城市治理进程中,主张以人为本的空间规划理念和空间实践,并警惕因空间资本化而产生的社会不均衡。更为重要的是,回归到中国治理场景中,社区公共空间坚持以人民为中心的治理理念,并凸显了为了人民、以人民意愿为根本出发点的价值追求。这些都构成了我们理解社区公共空间的理论支撑。

(一) 关于空间本质的讨论

西方马克思主义空间理论是关注空间的历史性、社会性、政治性多重维度的复杂理论体系。而"什么是空间"则是理论建构的起点。列斐伏尔认为要从"空间中事物的生产"转向"空间的生产"②。他在《空间与政治》一书中对关于空间的四个假设进行了分析和批判③。其中,第一个假设强调空间是纯粹的、透明的、清晰的。这一方面强调空间是建立在参

---

① 孙炳炎:《论都市马克思主义的资本主义城市空间批判思想——基于不平衡地理发展理论的视角》,《世界哲学》2020年第5期。
② 包亚明:《现代性与空间的生产》,上海教育出版社2003年版,第47页。
③ [法]亨利·列斐伏尔:《空间与政治》,李春译,上海人民出版社2015年版,第21—30页。

数、变量基础上的简化空间；另一方面则突出空间是抽象的且关乎本质的形式。但他认为这一假设弱化了人们理解空间的历史维度，只是将其视为过去的时间。事实上，空间受到历史、哲学、文化等诸多因素影响。因此，列斐伏尔更强调找回社会空间的历史叙事性和历史合法性[①]。与此同时，他还批判作为具有工具性的空间正在被强调商品交换的价值观所塑造，这使得生产关系和生产方式之间发生分离，而生产关系的再生产不仅关乎生产过程的劳动关系，更扩展到消费、日常生活等领域，并体现在娱乐、居住等诸多现实场所中。所以他认为空间是既抽象又具体的，是既均质性又断离的。

戴维·哈维在《社会正义与城市》一书中的核心立场是空间只有在与"重要关系"发生关联时才有意义[②]。也即，空间是社会关系的产物，并被社会进程所塑造。基于此，戴维·哈维认为，社会空间具有复杂、非同质且不连续的特征，需要与规划意义上的物理空间相区分。苏贾延续了列斐伏尔和哈维的讨论，他指出关于空间的分类有个面向，包括物质性的空间，具体的、可绘制的、以经验为基础的地理或"空间中的事物"（things in space），关注"关于空间的思考"（thoughts about space），即物质化空间是如何以各种方式被概念化、想象或表现的[③]。基于此，苏贾强调对于空间的理解不能只是局限于唯物—唯心的二元划分，人类空间受到政治、经济、文化、社会等诸多过程的形塑。更进一步来说，苏贾从历史—社会—空间三元辩证法出发，在认识论层面区分了第一、第二和第三空间。其中，第一空间指向物质的空间，主要是指可感知的客观空间结构或者实体，并且能够进行科学化的分析，比如建筑物、街道、精准的地理位置[④]。第二空间是指想象的空间，是通过

[①] 朱亚坤：《西方马克思主义空间理论的三大批判主题探微》，《世界哲学》2022年第4期。

[②] ［英］戴维·哈维：《社会正义与城市》，叶超等译，商务印书馆2022年版，第28页。

[③] Edward W. Soja, *Seeking Spatial Justice*, Minneapolis：University of Minnesota Press，2010，p. 101.

[④] ［美］Edward W. Soja：《第三空间：去往洛杉矶和其他真实和想象地方的旅程》，陆扬等译，上海教育出版社2005年版，第95页。

意义阐释、抽象化思考等方式而建构的空间①。其实苏贾提出的第三空间则是试图超越对于前两种空间的分析，第三空间不仅包括前两种空间，同时还强调空间的开放性、差异化，特别是对边缘化空间中少数群体的包容。

不难发现，西方马克思主义者关于空间本质的重要讨论不断地将空间在政治、社会、文化等多维度的意义上予以推进。其将空间维度带回理论讨论中，关注空间中的权力关系与政治意义，强调空间与社会结构、社会关系之间的相互作用，理解空间所体现出的文明形态、思想观念和文化特质，并试图阐释空间与时间、空间与社会、空间统一性与差异性等诸多辩证关系。总体来说，西方马克思主义者对于空间本体论、认识论、方法论的讨论揭示了这一概念的复杂性。对于空间本质的批判和反思与资本主义国家特别是其出现的城市问题密切相关，以追求剩余价值最大化的空间成为重要的生产资料、消费对象，并成为触发资本主义社会不均衡发展的重要原因。

(二) 消解空间矛盾的理论构想

依靠资本驱动的城市空间运行不仅存在潜在的城市危机，也使得空间问题显性化。从增长机器的视角来理解空间，空间更多地被赋予交换价值的意涵。其主张，作为商品的空间更强调空间的社会建构过程。空间的价值是被社会行动所塑造的，空间是由社会关系所界定的，物理意义上的空间与社会互动相结合才能构成空间的真实性②。戴维·哈维则直接指出，马克思、恩格斯认为租金是资本家对于工人阶级在生活场所的第二次剥削，而这一掠夺也体现在美国资本主义城市住宅市场上，次贷危机使得低收入群体无家可归③。资本主义国家的城市更新运动本身就是进行空间增值过程的现实实践。核心逻辑在于，中心城区的土地租金低到不能再低时，资本开始进入并进行重新开发以提高中心城区的土

---

① [美] Edward W. Soja:《第三空间：去往洛杉矶和其他真实和想象地方的旅程》，陆扬等译，上海教育出版社 2005 年版，第 100 页。

② [美] 约翰·R. 洛根、[美] 哈维·L. 莫洛奇:《都市财富：空间的政治经济学》，陈那波等译，格致出版社 2016 年版，第 43 页。

③ [美] 戴维·哈维:《叛逆的城市：从城市权利到城市革命》，叶齐茂译，商务印书馆 2014 年版，第 35、58 页。

地租金，这一过程所形成的租金差距使得城市开发者最大限度地获取了以空间增值而产生的利润①。中心城区再开发所带来的土地升值使得城市穷人无法再次回到中心城区，取而代之的是能够为土地增值付费的高收入群体来享受城市更新所带来的高品质空间体验。

空间增值过程加深了社会分化，这也是西方马克思主义者批判空间异化的关键。西方马克思主义空间理论不仅对资本主义社会进行了深刻的空间批判，揭示了资本主义空间生产的本质和矛盾，同时也为消解空间矛盾提出了理论构想。他们已经发现，在以资本积累为核心逻辑的城市化进程中，空间布局、空间形式的变化都会对社会分配特别是再分配产生影响，因此实现地域分配正义（territorial distributive justice）。戴维·哈维认为在空间（地理）层面建构正义原则，首先要以社会正义的方法满足居民的需要，然后在空间资源配置中能够尽可能对其他地区有益，最后为了实现共同利益可配置额外资源予以支持②。苏贾关注到了空间的产权属性，并将其分为公共空间和私人空间，其与空间正义的关联在于，属于公共的或者具有集体产权意义的空间是否能够实现共享，而这种共享是建立在确保居民公平享有空间资源的基础上③。当然，苏贾对于空间正义的理解强调需要不断修正和改进现有的空间安排以便更接近正义的目标。

空间矛盾的产生并不只是来自资本积累所产生的矛盾，也来自因城市性而产生的城市问题。因人口集聚而带来的交通拥堵、环境污染、公共服务资源紧张既是"城市病"的现实体现④，也是城市问题空间化的显现。更为重要的是，集聚与拥挤是城市性的固有张力，本质上是生产、生活、居住等不同空间类型之间的冲突⑤。因此，如何协调好空间功能

---

① ［英］尼尔·史密斯：《新城市前沿：士绅化与恢复失地运动者之城》，李晔国译，译林出版社2018年版，第92—93页。
② ［英］戴维·哈维：《社会正义与城市》，叶超等译，商务印书馆2022年版，第107页。
③ ［美］爱德华·W. 苏贾（Edward W. Soja）：《寻求空间正义》，高春花、强乃社等译，社会科学文献出版社2016年版，第43页。
④ 陆铭：《向心城市》，上海人民出版社2022年版，第41—42页。
⑤ 何艳玲、周寒：《全球体系下的城市治理风险：基于城市性的再反思》，《治理研究》2020年第4期。

布局、最大限度地消解不同空间类型之间的冲突需要基于空间本身的治理理念、体制机制安排来予以回应。

消解空间矛盾的理论想象与价值追求在强调空间正义的同时，本质上还是回归对人本身的关注。"为人民而不是为利润的城市"（cities for people not for profit）更旗帜鲜明地彰显了城市为了人民的思路①。唐·米切尔在《城市权：社会正义和为公共空间而战斗》一书中进一步指出，关于公共空间的理念不只是为了资本、为了富有的人或者特定人群，而是为了所有的人②。由此，城市与人民、空间与人民的关系在新的视角中得以扩展讨论。当然，也有研究者指出，对于资本主义城市空间矛盾的批判虽有传播价值但缺乏一定的操作性，其对于治理路径的考虑更多依托社会主体的情感与想象，同时还容易受到资本的俘获③。

（三）理解以人民为中心的空间治理的多重视角

关于以人民为中心的空间治理的讨论有着一定的理论来源，最深层次的讨论与批判离不开西方马克思主义者对于资本主义生产方式下空间剩余价值最大化的反思。当然，这种反思不仅是强调以构建分配均衡、权利匹配的城市空间转型，同时还有着价值层面特别是意识形态层面的意涵。

戴维·哈维在《意识与城市经验》一书中强调，马克思主义者所追求的是不以市场价值为唯一评价标准，而是以实现人的生命价值（human life）的社会④。它的启示意义在于，我们不能用事实—价值二分法来理解空间。如果以事实—价值二分的视角来理解空间的话，很容易把空间仅仅视为一种客观存在，忽视它背后的社会、文化和政治意义。这些社会意义和价值是通过人们的实践活动、社会关系和文化传统等过程不断被形塑的。由此，对于以人民为中心的空间治理的理解与价值理念

---

① Kurt Iveson, "Building a City for 'The People': The Politics of Alliance-building in the Sydney Green Ban Movement", *Antipode*, Vol. 46, No. 4, Sep. 2014, p. 1002.

② [美] 唐·米切尔：《城市权：社会正义和为公共空间而战斗》，强乃社译，苏州大学出版社2018年版，第205页。

③ 何艳玲：《人民城市之路》，人民出版社2022年版，第28页。

④ David Harvey, *Consciousness and Urban Experience*, Baltimore: The Johns Hopkins University Press, 1985, p. 20.

超越了以资本积累为支配逻辑的预设，而是从人本身出发来发现和建构多元的空间价值，基于此，形成消解空间矛盾、体现社会公平、促进人的全面发展的制度设计。

空间治理理念的转变还直接体现在该如何有效利用空间上。即以什么样的思路来设计空间，设计一种可进入、可感知、空间体验感很丰富的空间就变得更为重要。因此，从城市规划设计理念出发的话，其主张以人为本的设计理念，即城市规划设计要服务人的需求，反映人的生活习惯和体验。新城市主义（New Urbanism）理论则强调要建设布局紧凑、步行友好、功能更混合的社区，使社区更加有活力、有归属感[1]。精明增长（smart growth）理论则与新城市主义的核心立场保持一致，其认为应该通过创造多样化的住房选择、步行友好的社区、促进各方合作、保护环境和开放空间、提供多种交通方式等手段，实现可持续、公平和高效的城市发展[2]。因此，空间规划的理念旨在强调大尺度城市功能分区能够符合人民群众期待的元素，并将其带入他们的日常生活中，并给人以愉悦之感[3]。之所以强调人民群众的重要性，一方面来自空间衰败，比如基础设施落后严重影响居民的生活质量；另一方面，城市规划、城市建筑或者公共设施更多出于规划师的专业设计，出现民众无参与感的情况，这就使属于人民、为了人民的空间规划理念得到重视。

当然，将人民带回城市规划理念是以人民为中心的空间治理的应有之义。而更为重要的是，以人民为中心的空间治理是彰显人民性的治理，其不仅关乎空间建设，而且贯穿治理的全过程。如果说城市的人民性要回应城市发展"属于谁、依靠谁和为了谁"这三个问题的话[4]，这也构成了具有人民性的空间的核心要义。人民是马克思历史唯物主义的关键

---

[1] Ajay Garde, "New Urbanism: Past, Presen, and Future", *Urban Planning*, Vol. 5, No. 4, Dec. 2020, p. 458.

[2] Gerrit Knaap, Emily Talen, "New Urbanism and Smart Growth: A Few Words from the Academy", *International Regional Science Review*, Vol. 28, No. 2, Apr. 2005, p. 108.

[3] [美] 亨利·丘吉尔：《城市即人民》，吴家琦译，华中科技大学出版社2016年版，第133页。

[4] 何艳玲：《人民城市之路》，人民出版社2022年版，第39页。

概念。人民的主体性作用在马克思唯物史观中得以充分明确，历史由人民群众创造①。人民的主体性不仅体现为其在历史进程中的决定性作用，更体现为人民在国家政治生活中享有主体地位，在参与公共治理过程中占据主体地位。人民当家作主是社会主义国家的本质属性。中国政治中的人民与西方国家的人民大有不同，其是中国共产党与广大群众结合起来形成的整体性的政治实体②。城市的人民性同样也是社会主义国家根本属性的彰显，空间的人民性则是城市人民性的重要体现。

就人民的构成来说，即人民究竟包括谁？解决的是要"依靠谁"的问题。对于这一问题的讨论需要追溯到社会主义革命、建设和改革的各个时期。根据革命形势的变化和国家发展的历史进程，毛泽东提出的"人民"概念的内涵从农民和工人两个阶级向能够推动革命的社会人群扩展，随后人民又与"国民""敌人"相区分，不断丰富发展③。改革开放以来，随着市场经济体制的确立和高速的城市化进程，人民的构成更为多元，社会群体日益多样，流动性和异质性并存。无论是人民城市还是以人民为中心的空间治理，都需要在诉求差异、利益冲突、观念分歧等方面保持协调与均衡，更需要人民参与治理进程中贡献智慧、达成共识。人民城市的提出旗帜鲜明地回答了"为了谁"的问题，即人民城市为人民，让人民共享城市发展成果。这也是以人民为中心的空间治理的理念基底和价值取向。

（四）公共空间：社区公共空间的概念基础

社区公共空间是以人民为中心的空间治理的直接体现，人民性是其根本属性。同时，社区公共空间的公共性决定了其有着公共空间的意涵。这也在一定程度上进一步明确了社区公共空间的概念边界。公共空间的物理属性以及实际用途成为我们理解公共空间的重要维度。当然，对于

---

① 曲青山：《人民群众：共产党的根基、血脉和力量源泉》，《马克思主义与现实》2019年第2期。
② 汪仕凯：《将人民带回中国政治研究》，《政治学研究》2023年第2期。
③ 徐俊忠、吕晓琳：《毛泽东"人民"概念的历史考察》，《马克思主义与现实》2023年第6期。

公共空间的理解不能仅停留在其物理空间层面的意义，而是要回归其所涵盖的多重意义，这是我们理解社区公共空间的概念基础。

公共空间这一概念最早出现于政治哲学的研究中，后续经过建筑学的发展逐渐成为广泛研究的议题。公共空间不只是一种纯粹的物理空间，更是社会生活和社会意义在物理空间上的投射。也即，空间不再只是承载人类活动的容器，而是在文化、权力和资源分配基础上形成的一种与人们的社会生活秩序密切关联的社会安排[1]。公共空间以社会关系为衡量尺度，这意味着公共空间成为影响人际交往的重要机制。特别是在社区中，议事空间成为社区解决矛盾问题冲突、形成有规则的讨论方式的重要形式[2]。

更进一步来说，居民对于特定空间形成依赖并在此基础上形成了一种稳定的归属感和认知。因此，公共空间不仅仅是物理空间，更强调其是独特的、抽象的精神价值的体现，即作为观念的公共空间，而非具备物理功能属性的公共空间[3]。公共空间的文化属性使得这一概念超越物理属性，这意味着任何一个可以发生公共对话的空间，如咖啡厅、俱乐部等，都能够被认定为公共空间[4]。尽管公共空间有其自身的物理属性，但其也有着多重功能，如情感、仪式和议事等诸多功能。

城市公共空间是公共空间在具体场域的体现。广义上的城市公共空间被定义为由公共机构提供的、向全体大众开放服务的，并被社会所有成员共享和使用的空间。城市公共空间的丰富性来自其类型的多样性，有研究者已经认识到由于所有权、可达性和主体间关系的相互交织使得对于公共空间的分类更为复杂。基于此，我们从公共空间到私人空间的连续体中对城市空间类型进行了详细划分[5]（详见表1-1）。

---

[1] 郑震：《空间：一个社会学的概念》，《社会学研究》2010年第5期。
[2] 王谢平、郝宇青：《双重角色的社区居委会何以处处多元主体参与社区治理——政治技术视角的分析》，《社会科学》2021年第8期。
[3] Zachary Neal, "Seeking Common Ground: Three Perspectives on Public Space", *Proceedings of the Institution of Civil Engineers-Urban Design and Planning*, Vol. 163, No. 2, Jun. 2010, p. 61.
[4] 何艳玲：《人民城市之路》，人民出版社2022年版，第298—299页。
[5] Matthew Carmona, "Contemporary Public Space, Part Two: Classification", *Journal of Urban Design*, Vol. 15, No. 2, Mar. 2010, pp. 169–170.

表 1-1　　　　　　　　　城市空间类型（节选）

空间类型	区分特征	示例
"积极"空间		
自然/半自然的城市空间	城市区域内的自然和半自然特征，通常是国家所有。	河流、自然景观、海滨、运河
市民空间	传统形式的城市空间，对所有人开放，并提供各种各样的功能。	街道、广场、长廊
公共开放空间	可管理的开放空间，通常植被覆盖，可达性较高。哪怕是在临时管控的情况下也对所有人开放。	公园、花园、公共场所、城市、森林、墓地
"消极"空间		
运输空间	由交通需求主导的空间，主要用于机动运输。	主要道路、高速公路、铁路、地下通道
服务空间	以现代服务需求为导向的空间。	停车场、服务场域
剩余空间	开发后剩余的空间，通常在设计时没有功能。	"SLOAP"（规划后留下的空间），现代主义的开放空间
模糊空间		
交换空间	内部或外部用于运输停留或交换。	地铁、巴士交会处、火车站、巴士/有轨电车车站
引人注意的空间	让身处其中的陌生人感到自己很显眼、突出，并可能因此让他们感到不舒服或不受欢迎的空间。	死胡同、门禁小区
内部化的"公共"空间	本应是公共的、开放的空间，但由于某种原因，空间的使用和管理被限制在内部，或者被私人占有。	购物/休闲商场、巨型建筑
零售空间	私人拥有但公共可进入的交换空间。	商店、有顶的市场、加油站
第三空间的空间	半公共的会见和社交场所，可能是公共的也可能是私人的。	咖啡馆、餐馆、图书馆、市政厅、宗教建筑
可见的私有空间	物理上的私人空间，视觉上的公共空间。	前花园、园地、大门广场
接口空间	物理上明确划定但公众可进入的公私空间之间的接口。	街头咖啡馆、私人人行道空间

续表

空间类型	区分特征	示例
用户选择空间	特定人群的空间，由年龄或活动来决定。	滑板场、操场、运动场、球场

资料来源：Matthew Carmona, "Contemporary Public Space, Part Two: Classification", *Journal of Urban Design*, Vol. 15, No. 2, Mar. 2010, pp. 169 – 170。

当然，对于城市公共空间的理解还需要回归到不同的理论视角中。在城市规划视角下，公共空间是客观实在的，学者们往往将可达性作为判定公共空间的标准。公共空间与私人空间最本质的区别在于两者是否可以被通过，公共空间是具有很少限制的，对所有人可达[1]。在政治学的视野中，城市公共空间有其自身的政治社会属性。一方面，城市公共空间（public space）与公共领域密切相关。公共领域处于个体和国家的中间地带，是自发、松散、开放而又富有弹性的交往网络，为对话提供了公共空间。由此，城市公共空间是社会交往、社会参与并构建公共价值观的重要途径[2]。公共空间最初的定义也与政治场域紧密相关。因为在此语境下，城市公共空间直接指向个体进入公共领域、参与政治生活的空间。

在经济学视角下，有学者会将公共空间和私有空间的概念对应起来，将公共空间依据产权性质分为"公共空间、半公共空间和私有空间"[3]。随着城市和各种私人资本进入城市建设过程，空间的商品化衍生出空间的商品属性，公共空间的私有化也由此出现。公共空间与资本主义的生产方式紧密结合使得以消费为主要功能的公共空间兴起。城市公共空间的定义逐渐从"公共拥有的空间"转向了"公共可进入的空间"[4]。而在

---

[1] [美]亚历山大·加文：《如何造就一座伟大的城市》，胡一可等译，江苏凤凰科学技术出版社 2020 年版，第 42 页。

[2] 陈水生：《中国城市公共空间治理模式创新研究》，《江苏行政学院学报》2018 年第 5 期。

[3] 邹德慈：《人性化的城市公共空间》，《城市规划学刊》2006 年第 5 期。

[4] 斯特凡纳·托内拉、黄春晓、陈烨：《城市公共空间社会学》，《国际城市规划》2009 年第 4 期。

文化视角下的城市公共空间促进了城市意象（urban imagery）的产生，形成了人们对于城市的印象和认知。总体来说，不同的学科视角为我们理解公共空间特别是城市公共空间提供了重要因素，也为我们理解社区公共空间提供了理论基础。

与公共空间有关的理论建构也是对现实空间类型的映射。关于城市公共空间类型的构成，研究者根据空间功能、特质、形态等诸多维度呈现了城市公共空间的多元样态（详见表1-2）。本书提出的社区公共空间在现实空间中的投射主要是指基于人民多元需要而形成的空间形态。首先，社区公共空间不是为经济增长服务的增值空间，而是满足人民美好生活特别是公共需求的空间。基于此，社区生活空间是社区公共空间的重要组成部分，包括菜市场、党群服务中心、卫生服务中心、运动场等功能性社区。其次，社区公共空间是适度空间尺度的物理空间①。一方面，人口的聚集及其对城市治理的挑战是社区公共空间需要被关注的直接原因。人口的聚集是城市集聚性的应有之义，而人口的聚集同样也产生了居住品质下降、公共服务拥挤等城市问题，本质反映的是不同类型空间功能的冲突。城市由此成为分析社区公共空间的宏观场景。另一方面，适度空间尺度决定了社区成为我们理解公共空间的基本单位和微观场景。本书的社区公共空间主要关注社区场景下的邻里空间，即社区居民得以产生社会联结并塑造社会关系的空间形态。绿地、社区公园、社区道路、社区广场等都是社区公共空间具体形态的体现。最后，社区公共空间是具有产权属性、受到法律关系约束的空间。特别是在城市的中心城区，一个社区往往有着多种产权形态的住宅区，既包括住房市场化改革后的物业小区，也包括基于集体产权的城中村，还包括集体分房时期的单位住房，产权关系的复杂化使得空间利益分配规则在正式制度层面存在差异的同时，自下而上的居民共识同样重要。因此，社区公共空间还以业主共有空间和全体居民所有的空间来体现。

---

① 何艳玲：《人民城市之路》，人民出版社2022年版，第87页。

表 1-2　　　　　　　　　　城市公共空间类型构成

类型	实现形式
居住型公共空间	社区中心、绿地、儿童游乐场、老年活动中心等
工作型公共空间	生产型（工业区公园、绿地）、工作型（市政广场、市民中心广场、商务中心休憩广场）
交通型公共空间	城市入口（车站、码头、机场等）、交通枢纽（立交桥、过街天桥、地道）、道路节点（交通环岛、街心花园）、通行性空间（商业步行街、林荫道、湖滨路）
游憩型公共空间	休憩和健身（中央公园、绿地、度假中心、水上乐园）、商业娱乐（商业街、商业广场、娱乐中心）

资料来源：刘兆鑫：《空间政治：城市公共空间的生成逻辑与治理政策》，中央编译出版社2019年版，第20页。

三　研究意义

本书梳理了多元主体参与治理所产生的矛盾类型，建构了基于治理过程而非结构的知识框架，推进了我们对于空间治理的理解。因为单纯提高空间管理质量不足以疏解矛盾。尤其在中国，仅强调公私划分的理论往往无法直接适用于中国的管理需要[1]。首先，社区公共空间治理从建设管理转向矛盾治理的过程中，既要考量多元主体间的矛盾，同时还要关注治理过程中的矛盾，特别是以产权关系为轴心的矛盾。以多元主体参与为主要特征的治理结构并不意味着公共部门在治理过程中的缺位，而是对于公共部门参与社区公共空间治理提出了更高的要求。最直接的体现就是，公共部门要有能力对人民的诉求进行回应并调节好多种关系，同时以完善的制度体系来确保空间治理的有序运行，以此在共建共治共享中为人民谋福祉。其次，面向社区公共空间治理需要改变以结果导向的价值取向，不能仅仅将居民参与视为提升管理效率的路径之一。共治的核心是在治理过程中实现相互理解并达成共识，而不仅仅是治理结果的呈现。最后，关于社区公共空间的研究需要超越现有治理中基于产权

---

[1]　徐磊青、言语：《公共空间的公共性评估模型评述》，《新建筑》2016年第1期。

的简单权利划分，因为即使是具有私人产权的空间在特定情境下同样具有公共属性。因此，需要辩证地审视社会治理的复杂相互联系，从而推进共享的实现。

本书重新检验了在城市治理中被视为理所当然的隐含假设，以矛盾治理而非提高管理效率切入治理格局进行分析，以结构性矛盾为基础分析具体治理情境下社区公共空间治理的现实问题。以矛盾疏解的动态细节分析来增强对现实治理的回应和研究成果的可操作性，进而研究出可针对不同矛盾治理情境的分析框架来弹性指导治理实践，以提高政策针对不同治理情境应对复杂现实的能力。

第二节 社区公共空间治理研究脉络

现有关于社区公共空间治理研究主要回答了三个层面的问题，即谁来治理、如何治理以及谁受益。首先，谁来治理关注的是社区公共空间治理的参与主体问题，即强调多元主体参与。对于治理的内涵，学界尚有分歧，例如罗德斯[1]的六分定义是治理内涵的经典表述。但无论哪种治理理论，多元主体合作的必要性和参与方式的多样性都是现有治理研究的基本共识[2]。其次，关注空间的治理模式。特别是社区治理机制创新以及新技术的使用对于空间治理效率的改善。但同时也产生了新的治理难题。最后，强调以产权身份为前提的空间使用与利益分配，特别关注业主基于共有物权的争夺。

一 基于多元主体参与的研究

就面向社区公共空间的治理而言，空间的公共性与开放性共存，这

---

[1] R. A. W Rhodes, "The New Governance: Governing without Government", *Political studies*, Vol. 44, No. 4, Sep. 1996, p. 653.
[2] 田凯、黄金:《国外治理理论研究：进程与争鸣》,《政治学研究》2015 年第 6 期；高聪颖：《社会组织参与城市公共空间治理的探索——以宁波市为例》,《改革与开放》2017 年第 1 期。

就必然涉及多元主体的参与和互动。而将公共空间治理置于社区场景来说的话，社区事务的复杂性同样需要多元主体参与治理过程。因此，谁来参与、如何参与、为何参与成为现有研究关注的重点。

（一）谁来参与：多元主体的构成

多元主体参与社区治理是建构治理网络并形成共同体的过程。谁来参与则是分析社区治理的起点。基层社会治理特性由两个维度构成，一是国家政权延伸至基层治理中，二是基层社会内部国家与社会力量的结合①。党的十八大以来，政党成为社区治理多元主体参与的引领性主体。党组织对于社区治理的引领和参与是中国治理的独特经验②。首先，党组织通过对社区中的重大事项进行把关，整合各类组织和单位中的资源，提高空间资源的利用效率。党组织覆盖能力强，整合能力强，推动着多元主体的参与③。其次，党组织充分利用党员的先锋模范作用以及党组织的意见反馈，促进协商机制的再造④。最后，党组织促进了居民和干部之间的上下联动，提升社区治理水平。也即，发挥党的凝聚力做好群众的思想工作，推动民主协商的发展，提升社区治理的凝聚力⑤。与此同时，从政府主导向多元协同治理转变成为推动城市空间治理特别是城市文化空间治理的重要主体⑥。

随着单位制解体以及住房市场化的推行，以物业公司为代表的市场主体开始参与社区治理。从产权与社区参与的关系来看，拥有住房所有权的居民会更加积极地参与社区内的公共活动。因为在住宅小区中，

---

① 徐勇：《基层治理的基本问题与结构转换》，《探索与争鸣》2023年第1期。
② 吴晓林：《党建引领与治理体系建设：十八大以来城乡社区治理的实践走向》，《上海行政学院学报》2020年第3期。
③ 吴晓林：《治权统合、服务下沉与选择性参与：改革开放四十年城市社区治理的"复合结构"》，《中国行政管理》2019年第7期。
④ 黄建：《城市社区治理体制的运行困境与创新之道——基于党建统合的分析视角》，《探索》2018年第6期。
⑤ 梁妍慧：《从"行政化"到"社会化"——创新城市社区党建领导方式》，《理论视野》2012年第11期。
⑥ 宋道雷、郭苏建：《多元协同与基层下沉：中国城市文化治理的基层实践》，《治理研究》2023年第1期。

"拥有住房"对于人们的归属感产生了较为明显的影响，从而影响到居民参与社区公共事务的积极性[①]，而发挥业主的积极性有利于增强社区内的共同体效应。但也有研究者指出街道与居委会、物业公司等主体间还存在职能不清、上下脱节等现象，进而影响社区治理的效果[②]。业委会的治理也面临内部治理结构不完善、业主群体公共意识不足、政策制度缺陷等困境，导致了社区居民责任难以转化为城市责任，使得城市基层共同体建设更加任重道远[③]。

（二）如何参与：多元主体参与的运行机制

社区治理活力的激发不仅来自治理主体的多元构成，更依靠多元的治理机制运行。与社区空间相关的多元主体参与研究主要由两个面向构成，一是以解决空间问题为导向的社区治理共同体建构研究。比如，电梯安装成为老旧小区改造的重要事项之一。社区居民成为空间事务解决的重要主体，以建构社区关系网络、塑造观念共识成为邻里空间改造的关键维度[④]。二是以空间营造或者空间治理为手段，即空间成为治理过程本身来激发社区治理活力。社会组织通过空间营造来吸引居民参与社区活动，并借助社区公共生活空间打造社区协商平台，创新社区议事方式[⑤]。当然，有研究者也指出我国城市公共空间治理中居民缺乏参与的问题，包括动力不足、途径有限、意识不足、能力缺乏等方面。居民参与治理的缺位也进一步导致了公共空间供给脱离实际需求[⑥]的问题。

[①] 李骏：《住房产权与政治参与：中国城市的基层社区民主》，《社会学研究》2009年第5期。

[②] 赵浩华：《利益分析视角下社区治理主体间的冲突及其化解》，《行政论坛》2021年第4期。

[③] 吴晓林、李昊徐：《城市商品房社区的冲突与精细化治理——一个以业主行为为中心的考察》，《内蒙古社会科学》（汉文版）2019年第2期。

[④] 颜昌武、杨怡宁：《空间生产视角下社区治理共同体的营造——以老旧小区电梯加装为透镜》，《理论与改革》2024年第1期。

[⑤] 张其伟、徐家良：《社会组织如何激发城市基层治理活力？——基于某环保类组织的案例研究》，《管理世界》2023年第9期。

[⑥] 陈水生、屈梦蝶：《公民参与城市公共空间治理的价值及其实现路径——来自日本的经验与启示》，《中国行政管理》2020年第1期。

(三) 为何参与：多元主体参与治理的多重逻辑

多元主体参与社区治理受到行政、市场和社会三重逻辑支配。就行政逻辑来说，社区公共空间建设成为行政部门动员各种力量进行资源链接和整合以提高公共服务效率、推动社区建设的重要推动力[①]。市场逻辑则关注社区公共空间治理过程中多元主体的利益驱动。特别是涉及与空间相关的利益分配时，关于空间权益的争夺成为行动者参与社区治理的直接动力[②]。行政逻辑与市场逻辑的并存则需要政企合作，通过区分治理情境建构双重组织形态、治理网络来改善老旧小区的居住环境和治理效果[③]。就社会逻辑而言，多元主体参与社区公共空间治理则主要关注治理主体之间的互动与连接。

从多元主体参与治理的角度出发，高质量的空间建设可以促进居民积极参与社区治理。但需要指出的是，现实中的公共空间时常面临着供需矛盾。我国不少城市都是在"功能分区"的理念指导下进行城市设计，这种规划让居民的生活环境变得割裂。功能分区的规划仅仅考虑了基本的生活需求，而对于人们进行公共交往的需要则缺乏考量。除此之外，一些学者认为我国的城市空间规划目前仍存在"权力逻辑"为主导、规划对未来发展预测不足、片面追求政绩忽略需求的现象[④]。当然，多元主体参与社区公共空间治理还需要一定的体制机制和政策制度予以支撑和保障。因此，基于治理模式的社区治理研究同样值得关注。

二 基于治理模式的研究

市场化转型所带来的社会结构变迁使得社区治理所面临的治理环境和治理问题更加复杂和多元，同时也推动着社区治理模式发生转变。其

---

① 郭淑云、冷向明：《国家如何助力社区成长？——来自空间生产视角的解释》，《城市发展研究》2023 年第 4 期。

② 何瑞、吴旭红：《从商品空间到权利空间：制度化社区空间的再生产——基于湖畔社区"车位之争"的案例分析》，《甘肃行政学院学报》2021 年第 5 期。

③ 张悦、寇晓东、黄少卓：《政企跨组织治理悖论何以消解？——以西安市"片区大物业"为例》，《公共管理评论》2023 年第 2 期。

④ 陈水生：《中国城市公共空间生产的三重逻辑及其平衡》，《学术月刊》2018 年第 5 期。

中，空间本身成为社区治理的重要对象，从这个意义上来说，围绕空间所开展的治理活动成为研究者关注的重点。一方面，研究者对社区以及邻里空间属性进行界定，从空间规模、空间边界、服务设施配套、路网规划等维度建构小尺度、便利的邻里空间[1]。与此同时，研究者将社区本身视为具有多重属性的空间单元，包括政治、行政、社会、文化、经济等诸多方面，并强调根据空间属性及其治理目标的不同适配差异化的治理机制[2]。另一方面，在城市管理机制和技术不断创新的背景下，空间治理机制也在不断创新。从以国家为中心的城市公共空间的层级治理，逐渐开始向以使用者为中心、以提高公共福祉为目标的城市公共空间治理转变[3]。

（一）面向空间治理机制的问题分析

空间治理体制机制层面的问题仍然突出。

首先，就空间品质提升而言，城市空间存在"橱窗化、私有化和贵族化"三种倾向，无法满足市民的使用[4]。也即空间品质更强调其形式化的功效而非以服务为导向。

其次，在日常管理方面，社区在物理空间上主要以满足私人生活为主，对于居民参与公共生活的空间设计相对不足[5]。居民缺乏参与城市公共空间治理的渠道、参与公共事务的能力[6]。在封闭小区中，物业管理人员往往通过"会员管理"等方式将一部分潜在的使用者区隔在外[7]。

---

[1] 丁志刚、仇婧妍、仲亮：《基于"安康邻里"的住区空间基本单元重构研究》，《城市发展研究》2023年第5期。

[2] 冷向明、吴旦魁：《空间叠加与社区治理机制适配性研究》，《华中科技大学学报》（社会科学版）2023年第5期。

[3] 陈水生：《中国城市公共空间治理模式创新研究》，《江苏行政学院学报》2018年第5期。

[4] 孙彤宇：《从城市公共空间与建筑的耦合关系论城市公共空间的动态发展》，《城市规划学刊》2012年第5期。

[5] 陈剩勇、徐珣：《参与式治理：社会管理创新的一种可行性路径——基于杭州社区管理与服务创新经验的研究》，《浙江社会科学》2013年第2期。

[6] 陈水生、屈梦蝶：《公民参与城市公共空间治理的价值及其实现路径——来自日本的经验与启示》，《中国行政管理》2020年第1期。

[7] 曹志刚、蔡思敏：《公共性、公共空间与集体消费视野中的社区广场舞》，《城市问题》2016年第4期。

最后，在治理目标方面，空间治理目标相对模糊，并呈现出异化的特征。在与其他城市功能竞争土地资源的过程中，城市公共空间的配置通常要让位于其他城市功能，比如商业功能。而更深层次原因在于居民公共空间需求与供应之间的不均衡，面向公共空间的法律体系尚不健全，我国公共空间矛盾的调解主要依靠参与者之间的自我协调等方式[①]。

(二) 以效率为导向的社区治理创新

在治理技术方面，信息技术为实现城市管理技术的创新提供了更多可能。数字化、智能化已经成为社区治理发展的重要趋势。其中最为普遍的治理实践就是以信息技术为支撑的社区网格化管理。网格化管理比起原先的治理技术具有更多的优点，比如，可以有效促进资源整合，进行事权下放，促进政府和居民之间的沟通。网格化管理突破了传统的社区管理或者社区服务的方式，呈现出一种复合型特点，促进了"政府—社会"互融[②]。

一方面，移动"微应用"的融合使得群众和政府之间实现双向互动，促进信息互通，提高政府治理的效率[③]。但社区网格化本质上是一种行政主导的社区治理模式，即网格化呈现行政控制而不是社会服务的特征，进而使得该机制在运行中潜藏着机构膨胀的风险[④]。乔治·里茨尔用"社会的麦当劳化"来形容各地争相模仿某一种管理机制的现象。"麦当劳体制"最为明显的特点是高效性、可计量性、可预测性和可控性，通过标准的测量使得某一种体制可以在最大范围内快速得到推广[⑤]。网格化管理在城市中的运用更多体现出"麦当劳体制"的高效性以及计

[①] 张诚：《公共空间冲突：特征、机理与治理》，《深圳大学学报》（人文社会科学版）2020年第1期。

[②] 陈荣卓、肖丹丹：《从网格化管理到网络化治理——城市社区网格化管理的实践、发展与走向》，《社会主义研究》2015年第4期。

[③] 崔占峰、桑琰云：《城市治理中的"共治"与"共享"如何实现？——对摊贩"微治理"应用的考察》，《城市发展研究》2020年第11期。

[④] 朱仁显、邬文英：《从网格管理到合作共治——转型期我国社区治理模式路径演进分析》，《厦门大学学报》（哲学社会科学版）2014年第1期。

[⑤] 田毅鹏、薛文龙：《城市管理"网格化"模式与社区自治关系刍议》，《学海》2012年第3期。

量性的特点，而不是结合地区实际进行推广。由于公共空间本质上有很强的地方性和社会属性，在强调空间管理高效的同时，同样要设计适合当地居民需要的机制，警惕"麦当劳体制"对于公共空间治理同质化可能产生的偏差。这也是现有研究所未能充分予以讨论和关注的。

另一方面，技术嵌入治理的过程中也会存在很多的问题。首先，技术理性通常以数字或者标准化判断的方式出现，这反而会让人忽略数字背后现实的差异性、治理客体的复杂性，等等。其次，技术鸿沟的出现也会影响数字治理本应发挥的作用[1]。在智慧城市建设的过程中，出现了模仿的潮流，政府沿袭以往的城市建设经验和思路，导致各个城市之间"智慧城市"项目的建设大同小异，功能重复，无法形成互补关系。最后，有些"智慧城市"项目无法在市民端进行普及[2]。

现有基于社区治理模式的研究已经关注到社区治理体制机制设计、新技术使用对于治理效率的提升这个问题。治理模式本质上是强调社区治理的共性特征，但面向社区空间的治理不仅要强化空间的共有特征，同时还要体现空间差异性。这种差异性既来自个体需求差异，同时还植根于特定城市的历史文化以及地方性特色。同时，在共性背后而引发的地方不适用问题同样需要关注。这也是现有社区治理模式研究所未能充分讨论的。

三 基于产权身份的物业小区研究

住房市场化改革在改变社区形态的同时，也影响着社区治理结构的调整。面向物业小区的共有空间治理有其自身的结构性特征，集中体现是业主委员会（下简称"业委会"）和物业管理公司成为新的社区治理主体[3]。就物业小区与政府的关系来说，基层政府主要依赖居委会对社区进行管理，居委会的规章条例也较为完善。而业委会就组织性质而言

---

[1] 高恩新：《技术嵌入城市治理体系的迭代逻辑——以S市为例》，《江苏行政学院学报》2020年第6期。

[2] 辜胜阻、杨建武、刘江日：《当前我国智慧城市建设中的问题与对策》，《中国软科学》2013年第1期。

[3] 陈鹏：《城市社区治理：基本模式及其治理绩效——以四个商品房社区为例》，《社会学研究》2016年第3期。

与居委会有很大不同,且制度建设方面也远远落后于居委会。更为重要的是,现有研究关注到了业委会运行过程中所面临的问题。一方面,大量小区中的业委会存在成立难、运作不畅等诸多问题①。业主不承认业委会的情况时有发生,业委会成立的群众基础不足②。另一方面,业委会运行的资金问题成为阻碍业委会有效运作的重要因素之一。部分地方的业委会运行费用是业主自筹或者是业委会成员自掏腰包,有些地方甚至是物业公司赞助③。治理结构的内在张力同样会影响共有空间的治理过程。以产权身份为基础的共有空间的所有、使用、收益和处置涉及私人之间、私人与公共之间的冲突,基于利益分配的共有空间矛盾由此凸显。

(一) 物业小区共有空间治理的结构张力

物业小区的出现同样产生了新的社区空间形态。由于物业小区多为封闭小区,小区内的共有空间不仅具有产权属性,更重要的是,建立在产权基础上的社区治理结构因新的社会主体的加入而使得面向共有空间治理的关系在不断调适中。

一方面,研究者将物业小区的物业管理作为国家行政管理体系的延伸,通过治理机制来将物业管理纳入行政管理体系中,比如建立联席会议、基层联动物业管理等。另一方面,研究者将物业管理作为社会体系的组成部分,促进业主成为联系更加紧密的治理共同体④。"但在治理过程中,物业小区面临一定的结构张力。"业主在与物业公司签订的管理合同中,只能对于具体的服务作出规定,而对于在公共议程的设定和具体的执行等自由裁量的空间非常难以界定。也即,物业和业主之间的合同是不完全合同⑤。更为重要的是,物业小区经常会陷入

---

① 陈鹏:《城市社区治理:基本模式及其治理绩效——以四个商品房社区为例》,《社会学研究》2016年第3期。
② 陈刚华、晏琴:《新公共性的重构:协商对话视阈下的城市社区公共纠葛治理研究》,《湖北民族大学学报》(哲学社会科学版)2021年第3期。
③ 陈淑云:《城市居住区物业管理与社区管理有效整合机制》,《华中师范大学学报》(人文社会科学版)2009年第5期。
④ 陈荣卓、刘亚楠:《社区物业治理共同体的形塑与发展——基于H街道社区物业治理的观察》,《社会主义研究》2020年第6期。
⑤ 吴苏、刘能:《业主与物业公司之间控制权的分配逻辑》,《社会发展研究》2021年第3期。

共有产权治理的困境。因为物业小区的公共区域主要是以共有产权的形式来体现，但是当小区的人数变得越来越多时，管理问题就会变得非常突出。主要体现为，物业公司无法完全符合业主对于共有空间管理的期待。与此同时，由于业主规模较大，业主大会制度无法有效实施。① 治理结构的内在张力在面对共有空间的利益矛盾时，同样会影响治理问题的解决。

（二）以利益分配为基础的共有空间治理问题分析

物业小区的治理张力不仅体现在治理结构层面，还延伸到物业小区具体的共有空间的使用与分配中。其本质体现在相邻空间的利益分配、空间使用权与所有权的分配等方面。

典型的案例包括微改造、加装电梯等案例中的利益协调问题。具体来说，微改造旨在通过非必要不新建或者重新改造的方式来改善人居环境②。以广州永庆坊为例，其主要是以"政府主导，企业承办，居民参与"模式来进行开发。企业进入永庆坊挖掘其中值得开发的空间，吸纳专业力量来促进合作共赢③。但目前微改造的多数项目仍然依赖政府的垂直指挥和统筹协调④。再以加装电梯为例，不少城市所颁布的管理条例都规定要进行居民协商，但是对于居民协商的具体细则却没有明确规定。加装电梯在现实场景中形成了邻避效应，低层住户因为电梯加装受到了影响，需要得到一定的经济补偿。中高层业主也不愿多分担资金，价值偏好不一致的困境⑤。由此凸显小区加装电梯本质上是一个准公共物品供给问题。由于电梯具有一定的排他性，即电梯的使用只涉及特定楼道的居民。在电梯加装的讨论中，经常涉及纯利益问题，业主之间的协商经常无法

---

① 张金娟：《住宅区物业管理模式的优化与创新》，《城市问题》2013 年第 7 期。
② 蔡云楠、杨宵节、李冬凌：《城市老旧小区"微改造"的内容与对策研究》，《城市发展研究》2017 年第 4 期。
③ 姜洪庆、马洪俊、刘垚：《基于"资产为本"理念的社会力量介入城市既有住区微改造模式探索》，《城市发展研究》2020 年第 11 期。
④ 刘垚、周可斌、陈晓雨：《广州老旧小区微改造实施评估及延伸思考——实践、成效与困境》，《城市发展研究》2020 年第 10 期。
⑤ 李东泉、王瑛：《集体行动困境的应对之道——以广州市老旧小区加装电梯工作为例》，《北京行政学院学报》2021 年第 1 期。

有效解决问题①。

更深一步来说，物业小区内的共有空间是基于产权身份的空间在社区的集中体现。因此，面向物业小区的共有空间治理主要是所有权与使用权的冲突。物业小区主要按照"谁开发、谁配套"的方式来进行管理和服务，开发商倾向于将小区内的道路、公共绿地内化为仅属于业主的公共产品，这使得城市公共空间日趋封闭化、碎片化。②与此同时，在居民入住之后，开发商将共有空间变成营利场所的现象时有发生。在面对日常冲突时，个体很难与开发商、物业公司抗衡③。在共有空间规划与建设方面，封闭小区会带来共有空间碎片化以及与城市尺度的公共空间相割裂等问题。比如，小区中的公共绿地布局分散，无法开展大规模的公共交流活动④。业主对于共有空间的使用会因自身偏好的不同而存在巨大的需求差异，共有空间用途的异质性较为严重⑤。对于物业小区而言，因共有空间而可能产生的社区事务讨论以及社区文化氛围的形成等优势难以体现。由于社区居民异质性较强，在治理无法到达的地方就会形成制度缝隙，形成无人管理的空白地带。社区共有空间的有效管理需要具备清晰的边界划定以及空间功能的合理布置⑥。在物业小区的冲突中，居民的行为特征集中表现为个人利益、共同利益、他人利益的偏好排序，共同利益观念尚待发育，共同体意识有待塑造⑦。

---

① 周亚越、唐朝：《寻求社区公共物品供给的治理之道——以老旧小区加装电梯为例》，《中国行政管理》2019 年第 9 期。

② 李珍刚、韦静玉：《街区制：城市公共空间共享的利益困境及其路径选择》，《广西民族大学学报》（哲学社会科学版）2019 年第 1 期。

③ 黄宁莺、郭为桂：《和谐社区何以可能？——基于福州典型小区公共空间与公共生活状况的调查研究》，《经济社会体制比较》2016 年第 3 期。

④ 公伟：《"开放社区"导引下的老旧社区公共空间更新——以北京天通苑为例》，《城市发展研究》2019 年第 11 期。

⑤ 黄宁莺、郭为桂：《和谐社区何以可能？——基于福州典型小区公共空间与公共生活状况的调查研究》，《经济社会体制比较》2016 年第 3 期。

⑥ 杜鹏：《土地陷阱：社区治理转型的空间逻辑与调控机制》，《西南大学学报》（社会科学版）2021 年第 5 期。

⑦ 吴晓林、李昊徐：《城市商品房社区的冲突与精细化治理——一个以业主行为为中心的考察》，《内蒙古社会科学》（汉文版）2019 年第 2 期。

总体来说，现有的研究往往局限于拥有产权身份的某一社区、某一主体的研究。在划分治理主体时，这种资格的划定将居民限定为是否具有产权身份，但社区治理往往会涉及比产权身份更多的责任分担和事务管理。有资格限定的产权身份和开放的多元治理之间的矛盾不容忽视。

四 研究述评

多元主体合作的必要性已经成为解决社区矛盾的基本共识，但疏解因对参与主体增加所产生的矛盾缺乏细节分析。因为参与主体的增加也会使治理中的矛盾更为复杂。一方面，社会治理分工的细化以及多元主体参与使得面向公共空间的管理相对分散。另一方面，政府又需要整体负责。特别是面对业主与业委会的内部矛盾时，政府如何介入来解决矛盾成为治理难题。从这个意义上来说，面向多元主体的治理并不必然减少矛盾，甚至会使矛盾更复杂。现有研究对于多元主体参与社区治理的矛盾主要是从单一逻辑分析出发来进行梳理，即从国家、市场、社会某个视角出发进行分析，而对不同主体之间的主要矛盾以及三重逻辑之间的张力讨论较少。因此，如何将多元主体间的矛盾纳入社会治理的整体性分析框架中显得尤为重要。

尽管面向空间的管理效率和技术有了长足进步，现有研究也已经关注到了社区管理方式方法的创新以及管理模式的形成，但缺乏严格的知识框架去分析人民对于治理过程而非结果的需求。换言之，现有研究更关注空间管理的客观质量即以结果为导向的治理，相对忽视了基于过程或者基于共识达成的治理[1]。这也使得各国治理实践中均存在居民对于公共空间治理不满意的情况。

当然，社会治理体制机制创新已经有诸多实践探索，但建立在产权基础上的社区参与资格仍然有更多可以讨论的空间。因为治理不仅强调多元主体的参与，更进一步来说，在划分治理的参与主体时，通常暗含

---

[1] Thomas J. Catlaw, Margaret Stout, "Governing Small-town America Today: The Promise and Dilemma of Dense Networks", *Public Administration Review*, Vol. 76, No. 2, Mar./Apr. 2016, p. 227.

有对身份资格的划定，将权利与权力固定在特定身份资格的相关人群内①。如城市治理通常依赖产权归属来划分参与和享受社区福利的资格②。但问题在于，资格的缺失并不必然带来互动的减少。基于产权的社区自治与共享的矛盾已经有所凸显，比如，封闭社区内出现的社会隔离、自治组织缺乏制衡等现象③。而在我国城市则主要体现为社区内外针对空间使用的矛盾，如对拆除围墙推广街区制的讨论、物业小区不对外共享等问题。类似的因空间使用而引发的群体矛盾使得面向社区公共空间的治理研究显得尤为必要。

第三节 研究思路

本书在对社区公共空间进行理论溯源和概念界定的基础上，阐释社区公共空间所具备的制度、观念和社会三重属性。以传统社区、城中村、物业小区、功能性社区空间为主要场景，观察和剖析社区公共空间治理所面临的多重矛盾。社区公共空间所面临的治理矛盾受到空间资源配置、治理过程、产权身份等多重因素的制约。基于此，本书归纳和分析社区公共空间治理中的不同治理主体、具体治理过程以及基于产权身份而产生的诸多治理症结。更为重要的是，消解社区公共空间的治理矛盾需要回归人民本位的治理理念和安排恰切的治理过程。

本书对传统居民小区、城中村、商业小区以及单位大院这四类居住区构成的社区进行分类研究，其中面向广州社区空间的调研主要包括中心城区以单位房为主的传统社区、较早建成的物业小区，还包括外围城

---

① B. Guy Peters, John Pierre, "Governance without Government? Rethinking Public Administration", *Journal of Public Administration Research and Theory*, Vol. 8, No. 2, Apr. 1998, pp. 228, 235.

② Evan McKenzie, *Privatopia: Homeowner Associations and the Rise of Residential Private Government*, New Haven: Yale University Press, 1994, p. 9.

③ Ian Loader, "Private Security and the Demand for Protection in Contemporary Britain", *Policing and Society: An International Journal*, Vol. 7, No. 3, May 1997, p. 152.

区的物业小区和城中村。由于广州处于改革开放的前沿，市场经济的确立以及高速的城市化进程在带来人口集聚的同时也催生出基于不同产权形态的居住类型，如单位房、商品房、城中村，由此形成社区公共空间治理的复杂类型。总体来说，广州中心城区的人口密度相对较高，住房需求较大，这也在一定程度上压缩了社区公共空间的供给和质量，进而引发不同治理主体之间的矛盾。外围城区主要是以新开发的物业小区和城中村为主要类型，但也面临人口结构的异质性较强、社区互动不强、共有空间收益分配不均衡等新的治理难题，这也为我们进一步分析社区公共空间治理矛盾提供了支撑。

就资料来源来说，一方面，本书收集与社区共建共治共享、社区公共空间治理相关的正式制度和官方表述，深入分析各类正式文本、各级领导讲话以及反映官方精神的相关资料。其中，官方政策文本主要是指从中央到地方、不同职能部门关于空间治理整体性的公开政策文本以及特定类型的空间政策文本。另一方面，资料还来自面向特定社区的实地调研。与此同时，本书还借助影像发声法（photovoice）、空间笔记等空间观察法，发现具体使用空间的行为逻辑及其隐含的观念。总体来说，本书共获取与社区公共空间治理相关联的国家和地方政策文本共50份；与社区公共空间问题相关的新闻报道437条；103位参与者利用影像发声法获取社区空间图像资料1048份。

当然，在厘清现有研究可能推进的基础上，系统理解和分析社区公共空间治理的起点来自明确的概念界定和场景设定。我们需要对社区公共空间这一核心概念及其与之相关联的概念进行梳理，同时回归到中国社区治理情境中真正理解概念的现实意涵。

第二章

社区在中国：公共空间治理的重要场景

  高流动性、强异质性的社会结构在给市场转型带来活力的同时，也增加了个体的不安全感和不信任感。如何消弭陌生人对社会的不信任，实现社会良性运转成为社会治理不可回避的重要问题。全球体系的开放性与联通性深刻改变着城市发展规划，并影响着公众的生活习惯和交往方式。如何回应全球体系下个体多元诉求以及文化理念的冲击成为社会治理需要直面的挑战。党的二十大报告明确提出了中国式现代化的主要特征和本质要求。具体来说，中国式现代化是全体人民共同富裕的现代化；中国式现代化是物质文明和精神文明相协调的现代化；中国式现代化是人与自然和谐共生的现代化。社区作为国家治理的基层单元，在社区的公共空间意味着社区构成了社区公共空间治理的重要场景。

  社区公共空间承载着个体日常生活、社会交往、公共服务配置、公共事务参与等多重功能，并成为我们观察国家治理体系变迁的微观窗口。在社区的公共空间成为我们观察人民日常生活的微观平台，它们都是使人民共享发展成果、丰富人民精神生活、增进社会和谐不可或缺的关键场域。更需要指出的是，从社区管理到社区治理理念、制度安排与实践的转变推动着社区公共空间治理的转变。也正因如此，我们有必要重新梳理和理解国家治理体系中社区治理的演变，为社区公共空间治理提供更为宏观的理论和制度背景。

第一节 社区的概念溯源

之所以将社区视为公共空间的重要场景，主要原因在于社区除了有社会、政治等属性外，其本身也是地理空间边界的体现，受到行政区划的影响，这些与社区公共空间的特征相契合。即关乎人的互动、人民的公共生活并有着特定的文化意义。因此，为了清晰地了解社区，我们有必要厘清与社区相关的概念变迁，从而更好地理解社区何以成为公共空间的重要场景这一问题。

一 理解社区：概念演变

德国学者滕尼斯最早提出了"社区"这一概念。而学界关于社区这一概念的讨论从未停止过。滕尼斯将社区定义为基于情感、习惯、地缘、血缘等因素由"本质意志"形成的团体，并与基于理性计算由"选择意志"而形成的利益团体即"社会"这一概念相区分[1]。就"社区"这一概念的发展来说，经历了以地缘、血缘和社会连接为核心的演变过程。社区最开始的定义是基于地域的定义，学者们从地理层面出发，认为社区是一个小的自然分组，社区的原始意义在于共同生活[2]。有学者在对岛屿生活的研究中较早用到了"Community"这一概念。此处的"Community"是一种基于相同地域中生活状态的描述[3]。从这个意义上来说，社区的地理空间属性已经显现。而现有关于社区的主要讨论则是在麦克弗尔的论述基础上进行概念界定的，他认为社区可以是共同生活的区域，在规模和形式上都没有限制[4]。地缘关系和血缘关系成为联结社区各类

---

[1] 吴晓林、覃雯：《走出"滕尼斯迷思"：百年来西方社区概念的建构与理论证成》，《复旦学报》（社会科学版）2022年第1期。

[2] Jesse Frederick Steiner, "An Appraisal of the Community Movement", *Social Forces*, Vol. 7, No. 3, Mar. 1929, p. 333.

[3] T. Wesley Mills, "The Study of A Small and Isolated Community in the Bahama Islands", *The American Naturalist*, Vol. 21, No. 10, Oct. 1887, p. 880.

[4] 吴晓林、覃雯：《走出"滕尼斯迷思"：百年来西方社区概念的建构与理论证成》，《复旦学报》（社会科学版）2022年第1期。

群体的纽带。与此同时，社区的形成需要有对"善"的共同理解，通过亲密的友谊或者家庭关系在共同理解的基础上形成社区[1]。随着社会分工的发展和人口流动范围的扩展，社区社会关系形成的基础逐渐从地域或者血缘关系变成基于业缘的联结。

当然，也有研究对基于地缘的社区概念和基于血缘的社区概念交替使用[2]。有学者在这些概念的基础上认为，社区这个概念本身就包含了地缘关系和血缘关系，应该是一个共同体。伴随着现代社会的形成，社区概念有了更明确的指向性，开始指向社会连接的转变。社会联系层面的社区主张满足共同体成立的条件包括认同约束、稳定性、相同价值观和内部语言等[3]，比如"职业共同体"的建设。到了20世纪末期，由于政府公共支出的削减，在国家和市场之外引入社会组织参与社区治理，以解决公共服务的供给问题，这使得社区治理的主体更加多元，同时也丰富了现有研究对于社区这一概念本身的理解。

中国对社区概念的关注开始于20世纪30年代，有关社区的解释受到西方人文区位学观点的影响[4]。中国学者对社区的相关定义中也基本承袭了以地缘、血缘和关联为核心的概念发展路径。我国最早与社区概念相对应的是居住区[5]，并与计划经济时期的单位制做比较。在中国治理情境下，社区在中国还有着一定的行政意涵，包含社会整合、社会资源的分配等[6]。社区建设的提出更为强调社区分担政府职能以减轻政府在基层工作中的负担，包括基层社会的建设和社会支持网络的构建。基于

---

[1] Neera Kapur Badhwar, "The Circumstances of Justice: Pluralism, Community, and Friendship", *Journal of Political Philosophy*, Vol. 1, No. 3, Sep. 1993, p. 251.
[2] John E. Puddifoot, "Dimensions of Community Identity", *Journal of Community & Applied Social Psychology*, Vol. 5, No. 5, Dec. 1995, pp. 366-367.
[3] William J. Goode, "Community within a Community: The Professions", *American Sociological Review*, Vol. 22, No. 2, Apr. 1957, p. 194.
[4] 费孝通：《中国现代化：对城市社区建设的再思考》，《江苏社会科学》2001年第1期。
[5] 吴晓林、覃雯：《走出"滕尼斯迷思"：百年来西方社区概念的建构与理论证成》，《复旦学报》（社会科学版）2022年第1期。
[6] 徐勇：《论城市社区建设中的社区居民自治》，《华中师范大学学报》（人文社会科学版）2001年第3期。

此，社区管理视角下的"社区"概念更多地是将社区视为行政管辖的基本单元，即以行政边界为基础，有着明确组织架构和职能定位的管理单位。社区可作为居民互动、社会服务的递送、城市人口管理的基础平台而存在[1]。

当然，社区不再只是体现行政边界的划分，也开始成为政府、社会和市场三大主体发生互动的重要场景。发达国家对于"第三条道路"的政策实践，主张在政府和市场之外，探索社会力量来进行公共服务的供给和发展，比如邻里复兴战略（national strategy for neighborhood renewal）、社区照顾发展计划（the community care development program）等[2]。面向中国场景的社区研究，主要关注如何构建共同体、社区治理结构应该是什么等问题[3]。国家在社区治理中扮演着更加重要的角色。国家治理逐渐从国家和社会分离到国家和社会相结合的方向发展[4]。

与此同时，多元主体间的互动不能凭空产生，空间既是社会联系产生的载体，更是社会主体进行互动的原因。物理空间的各种安排会影响居民之间的交往。基于空间基础上形成的纽带将会成为共同体建设的重要基础[5]。除了社区共同体的建设之外，空间行为背后也体现着社区的制度安排和内在张力。基于此，对于空间本身的关注将成为我们探讨社区治理的重要维度。

二 公共空间在社区

在社区的公共空间是治理尺度的体现，其塑造着空间形态、功能定位、服务对象、资源配置和治理分工。与此同时，在社区的公共空间有

---

[1] 张秀兰、徐晓新：《社区：微观组织建设与社会管理——后单位制时代的社会政策视角》，《清华大学学报》（哲学社会科学版）2012年第1期。

[2] 吴晓林、郝丽娜：《"社区复兴运动"以来国外社区治理研究的理论考察》，《政治学研究》2015年第1期。

[3] 肖林：《"'社区'研究"与"社区研究"——近年来我国城市社区研究述评》，《社会学研究》2011年第4期。

[4] 吴晓林：《中国城市社区建设研究述评（2000—2010年）——以CSSCI检索论文为主要研究对象》，《公共管理学报》2012年第1期。

[5] 蔡禾、贺霞旭：《城市社区异质性与社区凝聚力——以社区邻里关系为研究对象》，《中山大学学报》（社会科学版）2014年第2期。

其自身的特殊性。社区公共空间为社区居民提供了沟通以及参与公共事务的场所，居民在互动中建构着自我认同、社区认同和城市认同。传统的社区研究中居住空间和社会网络空间是重合的，但是在现代城市的发展过程中，个人的社会网络空间逐渐和特定的居住空间相分离，并扩展到其他空间中[1]。

在社区的公共空间意涵具有多重维度（详见表2-1）。首先，在社区的公共空间是体现公共性的空间。公共性的空间意味着空间产权以共有或者公有为主要产权形态，以确保空间可面向全体居民开放。由此，空间功能与管理的公共性显得尤为重要，并由公共部门进行管理。但仍需指出的是，公共性一方面强调公私边界的清晰，即空间尊重个体行为的差异性并明确产权归属；另一方面也体现出由私人向公共的转向，特别是将私人物品转变为公共物品为社区居民使用，抑或是私人空间调整为具有邻里互助或者公共性质的空间。其次，在社区的公共空间是促进人与人之间发生关联的空间。在该空间中存在多种社会关系，其则为社会交往创造了互动场景。再次，在社区的公共空间是服务于公共需求的空间。这主要体现在其要满足三重治理需要，一是社区居民的日常生活需要；二是社区居民的发展需要，包括教育、文化、休闲等；三是城市发展需要，空间建设要与城市发展目标相契合。最后，在社区的公共空间特别是对于传统社区来说，是凝聚和承载社会记忆的空间。这些记忆既包括体现本地文化的历史记忆，还包含特定群体的集体记忆和情感寄托。对于国企老旧小区来说，空间的变迁留存着改革开放以来国企改革的历史转变，同时也记录着人民生活方式的变化。这些对于保护文化、塑造集体认同有着重要意义。

因此，在社区的公共空间的多重意涵为我们理解空间特质提供了不同方向。与此同时，在社区的公共空间最为重要的特征是基于生活本身的互动性，从生活本身的互动性延伸而出的是与公共事务、公共生活相关联的社会活动。居民的日常生活与社区公共空间发生联系，与此同时，

---

[1] 陈福平、黎熙元：《当代社区的两种空间：地域与社会网络》，《社会》2008年第5期。

空间也在不断塑造着社会生活。随着资本对空间的介入而产生的不均衡问题，使得空间特别是社区公共空间更强调空间公平。这主要包括两个层面的意涵，一是空间均等（spatial equality），二是地域公正（territorial justice），核心议题为公共服务的供给是否可达以及空间分配是否公平[①]。由此，公共服务均等化成为社区公共空间的关键问题。

表2-1　　　　　　　　理解在社区的公共空间的多元维度

核心维度	主要维度	具体内涵
具有公共性的空间	公共产权	空间产权以共有或公有为主。
	功能与管理的公共性	空间功能的发挥满足公众需要或解决公共问题，主要由公共部门进行管理。
	存在公、私的交汇	空间中需要尊重私人交往的秩序与界限。部分私人物品、空间经改造利用而具有公共属性，为社区居民所使用。
人与人联系的空间	丰富的社会关系	空间中同时存在多样的社会关系。
	交往的空间	空间提供了与家庭成员、社区成员乃至陌生人自由交往互动的平台。
服务于公共需求的空间	满足人日常生活的需要	人们依托空间设施享受公共空间提供的平台和服务，满足自身的日常需求。
	依托物质载体	
	关注人的发展需要	空间以公园、游乐设施等特定的场景存在，满足人的休闲需求。公共空间提供康体、教育、文化等设施服务，满足人的发展需要。
凝聚与承载社会记忆的空间	历史记忆	空间承载了本地文化与传统文化，具有保护文化、塑造集体认同等文化意义。
	情感记忆	

本书所关注的在社区的公共空间是指在由街道和社区管辖、面向社区居民开放、以满足居民各种日常需求的空间以及空间设施。从空间类

---

① 江海燕、周春山、高军波：《西方城市公共服务空间分布的公平性研究进展》，《城市规划》2011年第7期。

型或者空间形态来说，社区公共空间既包括社区内的开放空间，也包括街区、公园、广场、党群服务中心、文体中心等功能性空间。从这个意义上来说，社区公共空间是社区各种空间类型的总称。基于此，本书主要是讨论城市场景下社区公共空间的治理张力以及问题解决。之所以关注城市社区的公共空间治理，原因在于，一方面，特别是对于超大特大城市来说，无论是人口规模还是人口集聚程度，都使得这些城市对于空间的需求量增加，对于空间的功能要求也更加多样，同时因空间而产生的城市问题也日益凸显，如违规占道、物业小区共有产权分配问题等；另一方面，在城市社区的公共空间治理需要处理好交换价值与使用价值、需求回应与居民满意等诸多关系，这需要良好的治理理念、制度设计和运行机制的支撑。因此，理解社区公共空间需要重新回归到治理层面来予以考量。

第二节 从管理到治理：社区的结构性转变

中国的社区治理形态经历了单位制、街居制到社区制的发展历程。其中，街居制度作为单位制的补充而建立。单位制管理的是有工作单位的城市居民，街居制度覆盖的是没有单位的民众[1]。从这个意义上来说，街居制的主要功能是为了和单位制度相互配合，减轻政府进行人口管理的负担。随着市场化、城市化进程的推进，单位制不再成为社会特别是基层社区的组织和管理形态。国家由面向单位直接转变为面向原子化个体，单位制也无法有效回应原子化社会的需要。因此，单位制的解体重构了基层治理格局，单位的社会功能开始逐渐向社区转移。也正因如此，社区成为国家了解基层的窗口，是国家治理的神经末梢。更进一步来说，社区是个体、家庭参与公共生活的基本单元，是联结不同行动主体的微

---

[1] 夏建中：《从街居制到社区制：我国城市社区30年的变迁》，《黑龙江社会科学》2008年第5期。

观尺度。因此，社区不仅是推动基层政权建设、转变政府职能的重要抓手，更是维护社会稳定、促进基层参与、提升居民生活品质的重要场域。党的十八届三中全会通过了《中共中央关于全面深化改革若干重大问题的决定》，明确提出推进国家治理体系和治理能力现代化。党中央对社区治理的战略方向提出了新要求，其中由管理转向治理是城乡社区发展的新方向①。基于此，从社区管理向社区治理的转变深刻影响着我国社区治理实践。

一　寓管理于治理：理念更新

从社区管理向社区治理的转变意味着治理理念的调整、治理目标的差异、治理主体的多元、治理方式的改变以及治理结构的优化。更为重要的是，从社区管理向社区治理的转变与我国经济的高速发展、社会结构的变迁紧密相关。这也由此构成社区公共空间治理的时代背景和场景特征。

首先，社区管理本质上强调由以政府为代表的公共部门对社区居民以及日常事务进行管理并负责。即以行政手段自上而下地解决社区各类问题。其不利影响在于社会缺乏一定的活力、政府行政负担过重。社区治理力图消解管理者与被管理者之间的分歧，强调公共部门、私人组织以及个体之间的互动协作。具体来说，社区治理强调多元主体参与，在基层社区中的互动呈现出一定的复杂性。社区治理旨在解决居民的实际问题并满足居民需要。社区治理的理念则与"以人民为中心"的发展思想一脉相承。"以人民为中心"的治理理念已经成为新时代坚持党的领导下社区治理的底色。党的十八届五中全会要求坚持人民主体地位，以人民的福祉为出发点和落脚点；党的十九大强调要在明确主要矛盾的基础上，继续坚持以人民为中心的发展思想，走共同富裕的道路；党的二十大报告提出，"坚持人民城市人民建、人民城市为人民"。需要强调

---

① 吴晓林：《党建引领与治理体系建设：十八大以来城乡社区治理的实践走向》，《上海行政学院学报》2020年第3期。

的是，这种转变是因为社区管理已经难以适应我国以多元化为特征的治理现实。一方面，市场化改革带来的利益主体多样化，在瓦解传统社区力量的同时也产生了新兴社区治理上的巨大挑战。城市化快速发展造成的人口快速流动和聚集，使得基层治理风险增加。另一方面，社区规模的扩大和社区类型的差异化使得传统单一的管理模式难以为继。因此，经济体制、社会结构的变化推动着治理理念的转变。

其次，社区管理与社区治理在治理目标上存在差异。社区管理更强调以提升行政效率为治理目标，即在有限投入的基础上实现治理效果的最大化。与此同时，社区管理建立在科层运作逻辑的基础上，更强调运用公权力维持社区秩序。特别是涉及行政执法层面的事务，是其他治理主体所无法替代的。这也是在强调社区治理的背景下，社区管理依然不能被忽视的重要原因。社区治理的治理目标更为多元，不仅强调以服务为导向回应多元诉求，还强调建构社区共同体，其最终目标是实现社区的善治。对个体利益、群体利益和公共利益三个层面的利益关系进行调节是社区的重要作用之一[①]。

再次，从社区管理向社区治理转变的重要体现是参与主体的多元。无论是社区管理还是社区治理都要回答"谁来治理"（who governs）这个问题。在社区管理视角下，公共部门特别是以政府为主的行政机关是管理社区事务的核心主体。社区事务通过行政手段来解决，进而达到管理效率的最大化。但随着社会主义市场经济体制的确立以及城市化进程的高速发展，我国的社会阶层开始出现分化，社会群体更加多元，利益更加多样化。这就使得社区公共服务供给需要满足不同群体的诉求、社区事务更加复杂，同时还要消解因社会群体的差异化、异质性所产生的各种矛盾。而仅依靠政府或只依赖社会力量都无法解决市场经济发展过程中所面临的复杂问题，需要不同的治理主体参与到社区事务中，发挥其自身优势，形成多元主体共同参与的社区治理网络体系。党的十九届

---

① 蔡斯敏：《城市社区文化营造的主体关系调适及路向选择》，《南通大学学报》（社会科学版）2022年第1期。

四中全会通过的《中共中央关于坚持和完善中国特色社会主义制度 推进国家治理体系和治理能力现代化若干重大问题的决定》指出:"必须加强和创新社会治理,完善党委领导、政府负责、民主协商、社会协同、公众参与、法治保障、科技支撑的社会治理体系,建设人人有责、人人尽责、人人享有的社会治理共同体。"党的二十大报告又进一步明确:"加强城市社区党建工作,推进以党建引领基层治理,持续整顿软弱涣散基层党组织,把基层党组织建设成为有效实现党的领导的坚强战斗堡垒。"党建引领正逐渐成为贯穿社区治理的一条生命线,并形成了多元主体共治的社会治理新形态。

最后,正是因为治理理念、治理目标、参与主体存在差异,这也决定了从社区管理向社区治理的转变意味着治理方式的调整。社区管理往往采用以政府为主导、以行政资源为支撑的方式。但仅依靠传统的行政手段无法有效回应多元的社会需求、解决差异化的社区治理难题。因为科层运作旨在开展常规的社区行政事务,一旦遇到紧急情况,单一化的治理手段的不利因素则会凸显。因此,社区治理强调治理方式的多样性,利用新的技术手段提升信息和资源联动共享效果,建立和完善多元主体协作体制机制,充分调动居民的积极性和主动性,发挥群团组织和社会组织的联结作用,最终实现政府治理、社会调节与居民自治的良性互动。

二 社区治理格局的形成

社区治理已经不再只是科层体系下面向社区行政事务的管理过程。党的十八大以来,社区治理格局逐步形成,并呈现出新的特征。

首先,坚持和加强党的全面领导,党的领导地位更为突出,党建引领基层治理成为新时代社区治理的核心特征。统合治理成为基层党建引领的重要特质[1]。社区党组织发挥着政治领导、思想领导和组织领导等多重作用。党建引领促进政社形成跨部门混合组织形态,促使传统组织

---

[1] 何艳玲、王铮:《统合治理:党建引领社会治理及其对网络治理的再定义》,《管理世界》2022年第5期。

边界模糊，推动"以政补社"的现象产生[①]。就治理结构来说，以社区党组织为核心，社区组织和社会组织进行协作，实现行政协调、公共服务、居民自治和协商议事的功能[②]。

其次，基层政府职能发生转变使得管理重心下移。这主要体现为，日常性的具体服务和管理职责下放，同时把资源和权责对称地下放到基层，解决好老百姓最关切的民生问题，提供更加精准化和精细化的服务。社区逐渐从行政性事务中解放出来，更加以民生导向作为自己的突破口[③]。实现人民城市的建设目标，需要我们做好社区治理工作，更好地为人民服务。

最后，积极培育社会力量参与社区治理。自下而上地激活社区力量，调动居民参与的积极性始终是社区治理的重要目标。社区的活力之源在于居民，在于社区居民对于社区公共事务的参与。

总体来说，社区治理格局的形成有效地解决了传统社区管理中基层行政负担过重但资源有限、居民参与不足等问题。从社区管理向社区治理的转变不仅仅是理论呼唤，更是现实需要，回答了"为谁治理""谁来治理""如何治理"等一系列问题。而社区治理的核心始终都在于保障人民权利，回应民众需求，提升社区自治能力，以构建社区治理共同体。社区不只是有地点或者物理空间层面的意涵，而是和地点相关的血缘、利益、团体等概念结合，以形成社区共同体。社区管理是将社区置于管理体系之下进行研究，探讨在社区管理之中不同层级的政府如何进行协调和配合、街道和居委会该怎样承接政府行政任务的问题。社区治理则主张在国家和市场之外，发挥社会的力量来提供公共物品和服务，提高居民自治的水平。当然，对于社区治理的理解不能只停留在理念转变层面，还需要回归到真实的政策变迁和实践中

[①] 沈亚平、王簏涵：《赶超型协同：走向整合的社区治理——以社区党群服务中心为例》，《理论学刊》2022年第1期。

[②] 陈家喜：《反思中国城市社区治理结构——基于合作治理的理论视角》，《武汉大学学报》（哲学社会科学版）2015年第1期。

[③] 史云贵：《当前我国城市社区治理的现状、问题与若干思考》，《上海行政学院学报》2013年第2期。

予以理解。

第三节　从部门职能到国家治理的政策变迁

政策文本中的社区发展同样经历了从管理到治理的政策话语转变。更为重要的是，社区发展逐渐从一项部门事务升级为国家治理的重要内容。因此，其政策变迁经历了从部门职能下的社区管理向国家体系下的社区治理转变，这也由此构成了社区公共空间治理的制度背景。

一　部门职能下的社区管理

"社区"作为官方话语进入中国政府管理中已经有30余年。1987年，民政部在武汉召开"全国城市社区服务工作座谈会"，提出建立有中国特色的"社区服务系统"。从此，围绕社区开展工作成为民政部门一项重要的职能任务。民政部门推动下的社区管理工作由此展开（见表2-2）。2000年，民政部出台《关于在全国推进城市社区建设的意见》。该意见指出，"社区是指聚居在一定地域范围内的人们所组成的社会生活共同体"。该意见的出台还表明民政部门已经开始关注到单位制解体下城市人口流动性增强但城市人口管理却相对滞后的情况，所以"迫切需要建立一种新的社区式管理模式"。

部门职能决定了其服务的对象，社区公共空间服务于特定的社区人群。2004年，《关于进一步做好社区未成年人活动场所建设和管理工作的意见》出台。该意见要求各级政府加强对社区未成年人活动场所的规划、建设、管理和监督，为加强未成年人思想道德建设发挥更大的作用。这也意味着特定类社区空间治理被纳入政策文本中。2005年，《关于进一步做好新形势下社区志愿服务工作的意见》出台。该意见的主要思路是动员社区的热心群众、社区组织、群团组织参与到社区志愿服务工作中，这也为日后社区自组织的出现以及社区志愿者机制的完善提供了可能。2006年，在进行新农村建设的背景下，民政部启动农村社区建设试点工作。随着"和谐社会"理念的提出，民政部在2009年出台《关于进一步推进和谐社区建设工作的意见》。党的十八大以来，国家更加重视基层社会管理和服务体系建设。由之，2013年，全国社区管理和服务创新实验区工作开始成为民政部社区管理的重要抓手。同年，以技术为导向的社区公共服务综合信息化建设工作也随即开展。2014年至2016年，民政部密集出台了以社区养老、社区减负、社区教育为重点的工作意见。

表2-2　　　　　　　　　社区治理相关政策脉络（民政部）

出台时间	主要工作事项	政策名称
2000年11月	加强城市社区建设	《关于在全国推进城市社区建设的意见》
2004年12月	社区未成年人活动场所建设和管理	《关于进一步做好社区未成年人活动场所建设和管理工作的意见》
2005年10月	社区志愿服务工作	《关于进一步做好新形势下社区志愿服务工作的意见》
2006年9月	农村社区建设试点	《关于做好农村社区建设试点工作推进社会主义新农村建设的通知》
2009年11月	和谐社区建设工作	《关于进一步推进和谐社区建设工作的意见》
2012年6月	综合减灾示范社区创建	《全国综合减灾示范社区创建管理暂行办法》
2013年1月	全国社区管理和服务创新实验区工作	《关于加强全国社区管理和服务创新实验区工作的意见》
2013年10月	社区公共服务综合信息平台建设	《关于推进社区公共服务综合信息平台建设的指导意见》
2014年10月	养老服务和社区服务信息惠民工程试点	《关于开展养老服务和社区服务信息惠民工程试点工作的通知》
2015年7月	社区减负	《关于进一步开展社区减负工作的通知》
2016年6月	社区教育发展	《教育部等九部门关于进一步推进社区教育发展的意见》
2016年7月	居家养老、社区养老改革试点	《关于中央财政支持开展居家和社区养老服务改革试点工作的通知》

通过梳理社区治理相关政策脉络可以发现，民政部关于社区工作相关政策的出台主要是国家重大决策的延伸。在此场景中，民政部门除了关注特定事务或特定机制以外，也开始尝试社区管理体制和服务体系的系统改革。这也为国家体系下的社区治理提供了制度基础。

二 国家体系下的社区治理

国家顶层设计同样关注到社区的重要性（如图 2-1 所示）。2003年，中央提出"坚持以人为本，树立全面、协调、可持续的发展观，促进经济社会和人的全面发展"，按照"统筹城乡发展、统筹区域发展、统筹经济社会发展、统筹人与自然和谐发展、统筹国内发展和对外开放"的要求进行社区建设。社区成为统筹城乡发展的重要单元。2004年，党的十六届四中全会首次提出"建立健全党委领导、政府负责、社会协同、公众参与的社会管理格局"，这意味着社区开始成为国家社会管理体系的重要组成部分。2005年，"四位一体"建设提出，社区建设成为国家建设的主要内容。2006年《中共中央关于构建社会主义和谐社会若干重大问题的决定》进一步指出要加强社区建设，把社区建设成"管理有序、服务完善、文明祥和的社会生活共同体"，非常明确地界定了社区发展的性质，即构建社会生活共同体。

2009年，《中共中央关于加强和改进新形势下党的建设若干重大问题的决定》中指出要发挥社区党组织的领导核心作用，以党建引领社区发展初步成为社区治理的重要抓手。2010年，《关于加强和改进城市社区居民委员会建设工作的意见》进一步明确了居民委员会的主要职责，并对其组织体系的健全提出了要求。2012年，"社区治理"这一概念正式写入党的十八大报告中。2013年，《中共中央关于全面深化改革若干重大问题的决定》中指出，"创新社会治理体制，改进社会治理方式"，在治理框架中厘定社区发展。党的十八大以来，国家致力于将社区治理推向法治化、科学化和精细化。

2017年6月，《中共中央 国务院关于加强和完善城乡社区治理的意见》出台，针对社区治理提出了总体构想和发展方向，并通过改善社区人居环境、加快社区综合服务设施建设、优化社区资源配置、推进社区减负增效、改进社区物业服务管理等方式着力补齐城乡社区治理短板。城乡社区治理中存在的短板都与社区公共空间规划、设计与使用紧密相关。与此同时，该意见对于社区治理的系统性设计，意味着国家对于社区的定位已超越了部门专项工作，社区治理成为治国理政大问题。党的十九大则进一步指出，要"打造共建共治共享的社会治理格局"。2021年，加强基层治理体系和治理能力现代化建设的目标更加明确，综合服务设施建设被纳入国土空间规划中。由此，空间治理的视角则为提高社区服务质量、提升社区管理能力提供了一种新的可能。

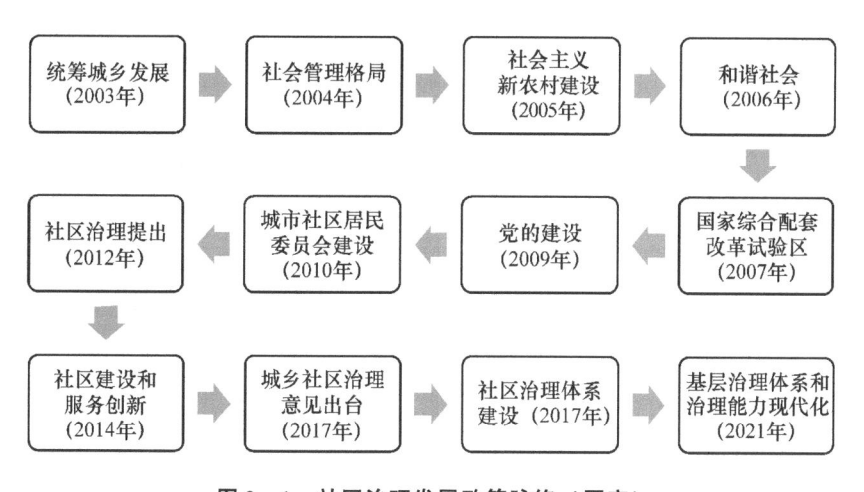

图 2-1 社区治理发展政策脉络（国家）

第三章
社区公共空间的多重属性

列斐伏尔提出了空间分析的三元框架，其分析的关注点聚焦在行动的人及其活动所建立的社会关系之中，而非任何先验的预设标准[①]。他认为，空间的本体由三元维度构成，分别为"空间的表征"（the representation of space）、"空间行为"（spatial practice）和"表征的空间"（representational spaces）。所谓"空间的表征"通常指正式文件对空间的内涵的官方定义和治理观念[②]。"空间行为"指日常生活中的行动，尤其是权力的具体展现[③]。"表征的空间"指人民对空间的符号性想象与观念，这通常体现为官方论述中所不能涵盖或分析的人民生活中的隐藏知识及经验[④]。正如前文所提到，苏贾以第一、第二、第三空间来区分空间的不同属性。关于空间的三元划分并不是将空间特质相割裂，恰恰相反，其是强调空间不同属性之间的复杂关联和相互影响，因此，我们以辩证的方式理解空间的多重属性就变得更为重要。

基于此，本书认为，社区公共空间具有三重属性（如图 3-1 所示）。首先，社区公共空间的制度属性体现了空间与制度的关系，是面

[①] Henri Lefebvre, "Translated and Edited by Eleonore Kofman, and Elizabeth Lebas", *Writings on cities*, Oxford: Blackwell Publishers, 2000, pp. 97-99.

[②] Henri Lefebvre, *The Production of Space*, Oxford: Blackwell, 1991, pp. 38-68.

[③] Henri Lefebvre, *The Production of Space*, Oxford: Blackwell, 1991, pp. 38-68.

[④] Henri Lefebvre, *Critique of Everyday Life*, London: Verso, 2002, pp. 180-272.

向空间的法律体系、管理规范、政策安排和社会制度等多重安排，是空间制度化的过程。作为国家体系下的社区公共空间，其制度属性为空间治理提供了基本的制度框架和社会行为规范。社会体系中的社区公共空间秩序的维护，同样需要基于人民共识而达成的治理规约，并对人民进行观念层面的引导。其次，社区公共空间的观念属性突出人民对于空间的感受、认知、观念等意识，其承载着人民对于公共规则的理解、公共行为的彰显和公共生活的想象。最后，社区公共空间的社会属性关注在空间中的各种社会关系和行动。多元主体塑造着社区公共空间的治理关系和治理过程。

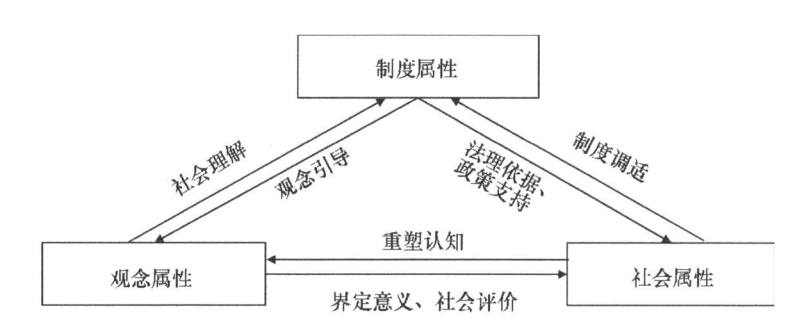

图 3-1 社区公共空间的三重属性及其关系

第一节 社区公共空间的制度属性

社区公共空间的制度属性是指规范和约束空间规划设计、建设、使用、管理、维护、监督等相关活动的体制机制安排，主要以国家法律法规、发展规划、地方规章、公共政策和治理框架为表现形式。制度属性之所以重要，是因为其为空间及其发生在其中的行为提供了法理依据和规范基础。从现有的制度安排来说，除了陕西省和江苏省徐州市专门出台了针对公共空间管理的正式政策文件之外[①]，我国对于具有公共性质

---

① 陕西省在 2013 年出台了《陕西省城市公共空间管理条例》，江苏省徐州市在 2018 年出台了《关于全面推进我市乡村公共空间治理的决议》。

的空间的规范散落在不同领域的法律文本和政策文件中,并伴随着新的社会活动和新的问题的出现而不断进行调整。

一 社区公共空间的制度体系

社区公共空间治理的法律法规、地方规章虽然散落在不同领域的制度安排上,但也呈现出相对体系化的特征,以规范空间的有效运行。面向社区公共空间治理的法律法规因其法律效力的不同而呈现层次性。在法律层面,主要涉及《中华人民共和国民法典》《中华人民共和国城乡规划法》《中华人民共和国环境噪声污染防治法》《中华人民共和国水法》等。其中,《中华人民共和国民法典》在产权层面对于物权特别是共有物权的占有、使用、收益和处分等权限进行了明确的规定。《中华人民共和国城市规划法》是对城乡空间布局、规模、管理责任等方面总体性的规范,这是关乎空间资源配置和功能布局的直接制度安排。《中华人民共和国环境噪声污染防治法》和《中华人民共和国水法》主要是规范治理主体的空间行为。在行政法规层面,主要涉及城市总体规划、控制性详细规划等制度。

基于现行法律法规和行政规章,地方政府结合地区的实际情况制定相应的地方性法规。以物业小区的共有空间管理为例,除了法律和行政法规外,还会涉及省、市的《物业管理条例》《城乡规划条例》《住宅专项维修基金管理办法》。尽管社区公共空间与居民丰富的日常生活紧密相关,但从空间管理层面来说,社区公共空间是不同层次制度体系的映射。一旦遇到问题,相关的法律法规开始显现并发挥作用,以消解空间治理难题。总而言之,制度的重要意义在于为社区公共空间的规划与使用、产权边界、居民行为提出底线要求,并为空间的有序运行提供制度边界。

此外,面向社区公共空间的治理体现的不只是政府管理职能,党的建设同样延伸到空间治理中。具体来说,建设社区党群服务中心是社区公共空间治理的集中体现,其成为有着多重功能的社区空间。社区党群服务中心是在整合社区各类资源(党建、政务和社会服务等)

的基础上，党员联系群众、听取群众意见、解决社区问题，方便群众办理行政事务，丰富群众日常生活的综合性活动空间。根据《成都市"十四五"城乡社区发展治理规划》的部署，"十四五"期间，成都市规划建成217个社区综合体、2354个小区党群服务站，全面完成3039个社区党群服务中心"亲民化改造"，初步形成"15分钟街区级—10分钟社区级—5分钟小区级"社区综合服务圈。总体来说，社区党群服务中心取代了以往各地自行设立的社区便民中心、社区服务中心等具有类似功能的社区活动空间，充分发挥党在社区治理中的领导作用，保持党同人民群众的血肉联系。

  面向社区公共空间规划与使用的制度安排不只停留在法律规范层面，还有着更为明确的适用场景和管理对象（详见表3-1）。首先，随着全国美术馆、公共图书馆、文化馆等文化场所的开放，面向公众提供的服务以及对于公众的行为规范提出了明确的要求。其次，加装电梯成为城市老旧小区居民需要共同商讨的事项。这既涉及共有空间的使用方式问题，同时还涉及公共成本的分担。在广州市人民政府办公厅发布的《印发广州市既有住宅增设电梯试行办法的通知》中，规定了既有住宅增设电梯需要一定比例的业主支持才能够实现。最后，共享单车的兴起直接关乎城市公共空间的利用，特别是对于超大人口规模的城市或者空间资源紧张的社区来说，处理好共享单车的使用与空间配置之间的关系则变得尤为重要。为此，2017年，国家相关部委出台了《关于鼓励和规范互联网租赁自行车发展的指导意见》，要求各地研究与城市空间资源、停放设施资源、出行需求特征等相匹配的车辆投放机制。基于此，《深圳市互联网租赁自行车规范管理整治行动实施方案》出台，除了强调建立与空间资源相适应的投放机制以外，还明确了城市公共空间的范畴，由此划定了共享单车投放的基本空间范围。杭州、上海等地则将共享单车投放机制的搭建交由交通行政管理部门负责，并对相关违法行为予以处理。不难发现，无论是基于特定的场所还是特定的管理对象，面向社区公共空间的政策设计逐渐进入各级政府的政策议程中，并纳入政府治理议题之中。

表3-1 中央和地方关于公共空间的主要政策设计

时间	管理对象	相关内容	政策文件	制定机关
2011年	公共文化设施	公共图书馆、文化馆（站）免费开放包括两个方面：一是指公共空间设施场地的免费开放，二是指与其职能相适应的基本公共文化服务项目健全并免费向群众提供。	《关于推进全国美术馆公共图书馆文化馆（站）免费开放工作的意见》	文化部（现文化和旅游部）、财政部
2012年	住宅电梯	既有住宅增设电梯的意向和建筑设计方案应当充分听取拟增设电梯所在物业管理区域范围内业主的意见，并应当经专有部分占建筑物总面积2/3以上的业主且占总人数2/3以上业主同意，但增设电梯拟占用业主专有部分的，应当征得该专有部分的业主同意。	《印发广州市既有住宅增设电梯试行办法的通知》（已失效）	广州市人民政府
2017年	互联网租赁自行车	引导有序投放车辆。各城市可根据城市特点、公众出行需求和互联网租赁自行车发展定位，研究建立与城市空间承载能力、停放设施资源、公众出行需求等相适应的车辆投放机制。	《关于鼓励和规范互联网租赁自行车发展的指导意见》	交通运输部等10部门
2017年	互联网租赁自行车	研究建立与城市空间承载能力、停放设施资源、公众出行需求等相适应的车辆投放机制，引导企业合理有序投放车辆。（注：城市公共空间是指城市管辖区域范围内向社会公众开放、供公众使用和活动的场所，包括城市道路及两侧、人行天桥、人行隧道、公共绿地和其他公共场所）	《深圳市互联网租赁自行车规范管理整治行动实施方案》	深圳市交通运输委员会、深圳市城市管理局、深圳市公安局交通警察局
2017年	互联网租赁自行车	城市管理部门负责会同公安、规划、城建部门，编制城市人行道非机动车停放区域设置导则，指导、督促各区、县（市）政府（管委会）和各属地城市管理部门查处非机动车侵占人行道设施的违法行为。	《杭州市人民政府办公厅关于杭州市促进互联网租赁自行车规范发展的指导意见（试行）》	杭州市人民政府

续表

时间	管理对象	相关内容	政策文件	制定机关
2017年	互联网租赁自行车	交通行政管理部门研究建立与城市空间承载能力、停放设施资源、出行需求特征等相适应的车辆投放机制，引导企业合理有序投放车辆。	《上海市鼓励和规范互联网租赁自行车发展的指导意见（试行）》	上海市人民政府
2019年	党群服务中心	重点依托街道、社区综合服务设施建好街道、社区党群服务中心（站点），区（县、市、旗）有关部门要把服务窗口下移到街道、社区，推行"一站式"服务和"最多跑一次"改革，让党员群众在家门口就能找到组织，享受便利服务。	《关于加强和改进城市基层党的建设工作的意见》	中共中央办公厅

二 城乡社区的空间政策安排

从治理场景来说，现有关于社区公共空间的政策安排可基于城市—乡村来予以区分（详见表3-2）。国家政策层面对于城乡社区公共空间的直接关注源起于2014年《国务院办公厅关于改善农村人居环境的指导意见》（简称《指导意见》）的出台。该《指导意见》以改善农村生活环境为主要目标，并明确提出要从环境保护、设施配套、合法使用等方面加强村庄空间治理，这也为乡村空间治理提供了思路和指引。农村人居环境整治持续开展，并在2017年出台了《农村人居环境整治三年行动方案》，村民自治组织或村集体经济组织成为农村人居环境整治的重要主体。随着乡村振兴战略的提出，整治乡村空间环境与秩序被纳入《乡村振兴战略规划（2018—2022年）》中。除了整治和解决乡村空间既有的问题以外，2020年国家发展改革委出台《关于促进特色小镇规范健康发展意见》，标志着挖掘和展示小镇特色文化成为乡村空间建设的新方向。从乡村空间治理的文件来看，以提升空间质量为重要切口来优化农村人居环境成为乡村空间治理的重要政策目标。此外，强调社区空间规划、设计以及文化特质成为空间治理新趋势。

面向城市场景下的公共空间治理的顶层设计源起于2015年的中央城市工作会议。这次会议明确提出，"维护公共空间。加强城市公共空间规划，提升城市设计水平"。基于此，2016年，国家从规划管理的角度明确了城市空间治理的工作要求。2017年，中央进一步提出建立社区空间综合利用机制，规划生活服务设施。2019年，住建部以美好环境与幸福生活共同缔造活动为契机，指出要"增加公共活动空间"。因此，提高空间的利用效率、通过空间资源的共享盘活现有资源也成为重要的政策意图。

总体来说，面向城市场景下的公共空间治理的政策方向主要体现在三个方面：一是通过整治和清理违规空间以规范空间的使用，改善空间环境，提升空间品质。二是加强社区空间服务设施供给，回应居民需要。三是鼓励居民参与以激发居民在空间设计、使用和维护中的积极性。重视民意成为公共空间治理的要求。特别是在老旧小区空间改造中，强调征求民意并进行问题解决。由于城市人口较为聚集、空间密度较高，空间资源相对有限。2022年，为了凸显社区在人民生活中的重要作用，住建部、民政部提出"完整社区"建设，并开展试点工作。不同于以往关于社区空间的整治与规划，完整社区建设将城乡社区统筹考量，规划建设既能够服务老人、儿童又能够便利居民日常生活的社区综合服务设施，并对社区空间面积提出了明确要求。这也开启了社区公共空间治理的新阶段。如果说关于社区公共空间政策调整是为了解决社区公共空间问题的话，基于社区公共空间治理的法律规范则为政策的有效开展提供了坚实的制度保障，并成为社区公共空间政策属性的又一面向。

表3-2　　国家政策文件关于城乡社区空间治理的制度安排

时间	治理场景	主要内容	政策文件
2014年	农村	加强村庄公共空间整治，清理乱堆乱放，拆除私搭乱建，疏浚坑塘河道，推进村庄公共照明设施建设。	《国务院办公厅关于改善农村人居环境的指导意见》
2015年	城市	维护公共空间。加强城市公共空间规划，提升城市设计水平。	《中共中央　国务院关于深入推进城市执法体制改革改进城市管理工作的指导意见》

续表

时间	治理场景	主要内容	政策文件
2016 年	城市	有序实施城市修补和有机更新,解决老城区环境品质下降、空间秩序混乱、历史文化遗产损毁等问题,促进建筑物、街道立面、天际线、色彩和环境更加协调、优美。 合理规划建设广场、公园、步行道等公共活动空间,方便居民文体活动,促进居民交流。 限期清理腾退违规占用的公共空间。	《中共中央 国务院关于进一步加强城市规划建设管理工作的若干意见》
2017 年	农村	村内公共空间整治以村民自治组织或村集体经济组织为主,主要由农民投工投劳解决,鼓励农民和村集体经济组织全程参与农村环境整治规划、建设、运营、管理。	《农村人居环境整治三年行动方案》
2017 年	城乡社区	探索建立社区公共空间综合利用机制,合理规划建设文化、体育、商业、物流等自助服务设施。	《中共中央 国务院关于加强和完善城乡社区治理的意见》
2018 年	农村	整治公共空间和庭院环境,消除私搭乱建、乱堆乱放。	《乡村振兴战略规划（2018—2022 年）》
2019 年	城乡	增加公共活动空间。 充分激发社区居民的"主人翁"意识,发动社区居民积极投工投劳整治房前屋后的环境,主动参与老旧小区改造、生活垃圾分类、农村人居环境整治及公共空间的建设和改造。	《住房和城乡建设部关于在城乡人居环境建设和整治中开展美好环境与幸福生活共同缔造活动的指导意见》
2020 年	城镇老旧小区	因改造利用公共空间新建、改建各类设施涉及影响日照间距、占用绿化空间的,可在广泛征求居民意见基础上一事一议予以解决。 各地要合理拓展改造实施单元,推进相邻小区及周边地区联动改造,加强服务设施、公共空间共建共享。	《国务院办公厅关于全面推进城镇老旧小区改造工作的指导意见》

续表

时间	治理场景	主要内容	政策文件
2020年	特色小镇	叠加文化功能，挖掘工业文化等产业衍生文化，促进优秀传统文化与现代生活相互交融，建设展示小镇建设整体图景和文化魅力的公共空间。	《关于促进特色小镇规范健康发展意见的通知》
2021年	城镇老旧小区	编制老旧小区改造方案时，把存在安全隐患的燃气、电力、排水、供热等设施，养老、托育、停车、便民、充电桩等民生设施，作为重点内容优先改造。	《国家发展改革委 住房城乡建设部关于加强城镇老旧小区改造配套设施建设的通知》
2021年	城镇老旧小区	积极推进相邻小区及周边地区联动改造、整个片区统筹改造，加强服务设施、公共空间共建共享。在确定城镇老旧小区改造计划之前，应以居住社区为单元开展普查，摸清各类设施和公共活动空间建设短板，以及待改造小区及周边地区可盘活利用的闲置房屋资源、空闲用地等存量资源。	《住房和城乡建设部办公厅 国家发展改革委办公厅 财政部办公厅关于进一步明确城镇老旧小区改造工作要求的通知》
2022年	完整社区	规划建设社区综合服务设施、幼儿园、托儿所、老年服务站、社区卫生服务站。每百户居民拥有综合服务设施面积不低于30平方米，60%以上建筑面积用于居民活动。适应居民日常生活需求，配建便利店、菜店、食堂、邮件和快件寄递服务设施、理发店、洗衣店、药店、维修点、家政服务网点等便民商业服务设施。……统筹若干个完整社区构建活力街区，配建中小学、养老院、社区医院等设施，与15分钟生活圈相衔接，为居民提供更加完善的公共服务。	《住房和城乡建设部办公厅 民政部办公厅关于开展完整社区建设试点工作的通知》

三 社区公共空间的产权制度

住房商品化改革所带来的产权结构的改变在法律层面得到了确认。建筑物区分所有权先是被写入《中华人民共和国物权法》，这意味着业主基于物的权利受到了法律的保护。随着《中华人民共和国民法典》的颁布,建筑物区分所有权同样被纳入其中。

(一) 作为法律概念的物权的产生

作为法律概念的"物权"相对抽象而且具有专业性。因此,我们有必要回顾物权这一概念在我国是如何产生的。清末以前我国并没有"物权"的概念。"物权"是在清末民法立法时根据大陆法系的立法模式从德国民法典中引入[①]。直到改革开放初期,物权始终都没有出现在我国的相关法律中。取而代之的是,"财产权"这一概念被提出。1982年《中华人民共和国宪法》第十三条规定,"国家保护公民的合法的收入、储蓄、房屋和其他合法财产的所有权"。1986年,《中华人民共和国民法通则》的颁布则进一步明确了财产所有权以及与财产所有权有关的财产权。与此同时,住房市场化改革直接催生了我国商品住宅的出现,商品住宅的聚集形成了物业小区。而单位制时期的单位大院与住房市场化改革后的物业小区最本质的区别在于财产所有权的转变,前者为国家、集体共同所有,后者则为私人所有。其实早在1982年《中华人民共和国宪法》以及随后的《中华人民共和国刑法》《中华人民共和国民法通则》中都提到保护公民住宅财产权以及住宅不受侵犯。特别是在《中华人民共和国民法通则》颁布以后,住宅作为私人财产权才真正在法律上予以承认[②]。

虽然私人财产权得到了法律的承认与保护,但我国仍然缺乏关于物权最基本的规则和制度,现有的与财产权有关的法律法规已经不能完全适应市场经济体制[③]。更为重要的是"物权既是财产交易的起点,也是财产交易、流转的归宿"[④]。这意味着解决物的属性和归属问题是财产交易的前提。2007年《中华人民共和国物权法》由此得以制定颁布,物权的法律性质得以在我国确立。随着住房市场化改革的不断深化,《中华人民共和国物权法》中专设一章"业主的建筑物区分所有权"来强化对公民以住房为主要体现的财产权的界定。2020年颁布的《中华人民共和国民法

---

① 陈华彬:《中国物权法的意涵与时代特征》,《现代法学》2012年第6期。
② 张群:《住房制度改革30年:从法律史角度的考察》,《法商研究》2009年第1期。
③ 梁慧星:《制定中国物权法的若干问题》,《法学研究》2000年第4期。
④ 陈华彬:《中国物权法的意涵与时代特征》,《现代法学》2012年第6期。

典》在第二编"物权"第六章"业主的建筑物区分所有权"中也进行了明确规定。

与此同时，建筑物区分所有权权利内容的复杂性与特殊性也决定了其需要法律更为严密地规范和确认。这种复杂性主要是指产权主体的多样化，即多个业主对同一建筑物基于物理空间区分而形成的复杂权利[①]。虽然专有部分所有权归单一业主所有，但其行为不能对与其相邻的专有物权造成侵害。此外，多个业主还享有专有部分以外的共同部分的权利（简称"共有物权"）。这主要表现为特定物业管理区域内的全体业主拥有共有部位和共有设施的所有权。共有物权成为一项非常重要的建筑物区分所有权。但由于共有部位和共有设施不能按照份额进行分割，所以只能由业主基于成员权来制定规则进行规范和维护。这也体现着建筑物区分所有权的特殊性。

（二）基于相邻关系的共有物权

还需要指出的是，《中华人民共和国民法典》第二编"物权"在第七章中明确规定了相邻关系。相邻关系之所以重要，是因为不动产权利人的行为会对其他权利人产生影响，而这种影响往往发生在业主共有、集体所有或者全民所有的空间中。法律规定中的相邻关系涉及相邻土地、排水、通行、通风、采光、环境保护等诸多方面。在社区场景中，一方面，空间相邻是相邻关系的直接体现。其直接体现在物业小区共有空间的使用、管理、收益等诸多方面。另一方面，因空间相邻而引发的邻里矛盾变得尤为普遍。具体来说，社区开放空间内违规停车影响他人通行、业主私自改变共有空间用途、业主在家门口安装摄像头引发邻居担忧等问题，这些日常生活矛盾以法律维度来理解的话，都需要基于相邻关系的法律规范来处理。

与此同时，《中华人民共和国民法典》第二编"物权"在第八章"共有"第三百零一条中规定，"处分共有的不动产或者动产以及对共有的不动产或者动产作重大修缮、变更性质或者用途的，应当经占份额三分之二以上的按份共有人或者全体共同共有人同意，但是共有人之间另

---

① 王利明：《论业主的建筑物区分所有权的概念》，《当代法学》2006年第5期。

有约定的除外"。这表明现行法律不仅赋予共有物权以产权意义，同时还明确了业主进行共有物权管理的资格和过程。而在对共有物权进行管理的过程中通常会涉及共有物权的使用方式、利益分配、制度规范等，这使得基层政府、社区居委会、业委会、物业公司等诸多主体纷纷卷入其中。以私人产权为基础的物权在保障个体财产权的同时，也使得以空间为基础的法律关系复杂化。这种复杂化一方面来自多元主体对于共有物权的共享权益，从而使得达成集体共识变得相对困难。另一方面，相邻关系人的利益与公共利益存在一定的冲突。比如，因保护住房财产而引发的邻避矛盾不仅涉及业主与相邻设施单位的民事诉讼，同时也会涉及与规划管理部门的行政诉讼[①]。

总体来说，社区公共空间的制度属性为空间治理、空间实践和社会关联提供了制度规范和行动框架。社区公共空间的制度属性来自多元主体对于公共领域的空间治理以及与空间相关的公共事务而形成的行动准则，以确保空间的良性运转。与此同时，社区公共空间的制度属性还有着产权的意涵，其明确了特定情境下社区公共空间的具体归属以及与此相关的权利义务。

第二节 社区公共空间的观念属性

社区公共空间的观念属性指向社会主体对于空间的感知、意识、想象、理解和意义建构等，由此形成其对于空间的总体认知和评价。一方面，空间通过提供交往场所等规划设计方式来加强居民之间的沟通交流[②]。面对面交流以及空间记忆的形成是作为观念的社区公共空间形成的重要部分[③]。

[①] 何艳玲：《"法律脱嵌治理"：中国式邻避纠纷的制度成因及治理》，《中国法学》2022年第4期。

[②] 杨贵庆、房佳琳、关中美：《大城市建成区小尺度公共空间场所营造与社会资本再生产》，《上海城市规划》2017年第2期。

[③] Jacinta Francis, Billie Giles-Corti, Lisa Wood, and Matthew Knuiman, "Creating Sense of Community: The Role of Public Space", *Journal of Environmental Psychology*, Vol. 32, No. 4, Jul. 2012, p. 402.

另一方面，街区景观变迁、特定建筑物等都可以唤起人们的集体认知和记忆①。在这个意义上来说，个体也在建构着空间意义。无论是集体记忆还是空间意义，都意味着个体与空间产生了情感关联。情感关联的程度又进一步影响着个体的价值认同，由此，社区治理场景中，个体对于空间的功能界定、使用体验、情感寄托、意义建构等方面共同构成社区公共空间的观念属性。

社区公共空间的观念属性强调个体对于空间设计的使用和约束等诸多方面的认知和理解。之所以强调个体对于空间的理解，是因为社区公共空间与个体的日常生活息息相关。空间的观念属性渗入在居民的日常生活中，并反映在居民的日常行为中。本书选择了103位参与者利用影像发声法（photovoice）的方式来记录其对于社区公共空间用途与矛盾的理解。影像发声法是行动研究（action research）的新方法，主要用于基于社区的参与式研究，以此来记录和反映现实（reality）。该方法主要通过参与者利用相机来拍摄发生在社区的故事，并基于其拍摄的典型性图片来表达他们对于社区现象的理解。也正因如此，该方法可以从个体的视角来发现那些被隐藏或被忽视的问题和个体对社区层面的认知。在本书中，影像发声法主要是组织参与者通过拍摄照片来表达其对于空间精神的理解。就现实意义来说，运用这种方法也可以有效地了解参与者的需求，从而制定解决问题和需求的有效方案。

一 公众视角下的社区公共空间意涵

公众的感受、认知和观念塑造着空间景观形态、空间使用方式和空间体验并赋予空间内在意义。公众对于社区场景中社区公共空间的理解主要由三个方面构成，即产生社会联系的空间、满足公共需求的空间、公私有别的空间。

首先，产生社会联系的空间意味着交织在其中的丰富的社会关系，

---

① ［法］斯特凡纳·托内拉、黄春晓、陈烨：《城市公共空间社会学》，《国际城市规划》2009年第4期。

并充分体现社会交往的功能,成为社区居民交往的平台。不同背景的人在经意或者不经意间相遇、沟通,形成了社区网络,成为公共生活的重要组成部分。其次,满足公共需求的空间是社区公共空间的重要维度。公共需求既包括居民的日常生活需要,也包括人的发展需要。从这个意义上来说,空间成为承载社区功能、提供公共服务设施、回应居民各类需要的载体。最后,公私有别的空间重在强调空间的产权特质。其中,公共性是社区公共空间的应有之义,主要通过产权的公有或共有、具备公共功能以及管理的公共属性来体现。一方面,由政府等公共部门进行集体规划、提供、管理的空间是社区公共空间的集中体现;另一方面,随着物业小区的出现,由业主共有且开放的空间同样出现,这使得本属于私有产权的空间具有了公共性。

空间以及与之相关的行为塑造了参与者对于空间的界定与认知。当然,对于空间的理解不能只停留在对其含义的理解上,还应理解蕴含其中的内在特征、价值追求以及个体期待,而这些理解就形成了公众建构下的空间特质。

二 公众建构下的社区公共空间特质

空间的观念属性同样包括公众对于空间特质的理解。而公众对于空间意涵建构的多样性决定了其对空间特质理解的多元化。基于参与者对于空间特质的描述,本书使用"微词云"平台对编码材料进行词频分析发现,"人""空间""安全""多样""交往"成为与空间特质相关的高频词(如图3-2所示)。其中,"人"是提及频次最高的词语。空间特质离不开对于"人"的关注,特别强调空间与人的关系。这同样体现在"微词云"中如"公众""私人""大家""个人"等相关高频词上。此外,"安全""多样""交往"等也是参与者提及的与空间特质相关的高频词。但仅从词频分析无法全面展现空间特质,还需回归到具体的内涵中予以更为全面地理解公众视野中的空间特质。因此,本书在结合影像发声法获取了受访者对于"什么是好的公共空间"的理解,并借助流线型编码的方式提炼了空间特质。更进一步来说,开放、包容、多样、安全、有秩序、和谐、舒适和有美感构成了社区公共空间特质主要维度。

图 3-2　公共空间特质编码词云分析图

（一）多元空间

公众对于社区公共空间多元特质的想象既来自其对于空间功能的期待，也来自人群构成的丰富程度。首先，开放包容、多样性是多元空间特质的主要体现。开放包容是社区公共空间特质的直接体现。开放意味着空间的可进入且非排他性。开放的空间允许所有人使用的同时，空间之间可相互连通。作为治理基本单元的社区，其在治理尺度上的优势在于通过空间贯通来实现。街区之间的联通在给人们的出行带来便利的同时，街区之间的联系也同样变得更为紧密。包容则意味着社区活动的丰富性以及对于特殊人群的关注。多样性首先是指空间功能和设计的多样性，可以满足居民差异化的需要，如休息、健身、带娃和邻里互动。其次，人群结构的多样性，即社区公共空间是不同人群的聚集，并满足不同群体的需要。最后，多样性带来发展机遇。多样性始终强调通过发挥人的创新力来激发空间活力，创造规划之外的新的发展可能。多样性保证了空间在不同时间都持续保持着吸引力，从而使得社区公共空间始终有人气。这也间接体现了在公众视角下，开放包容、多样性相互关联并且共同构成了社区公共空间特质的重要内容。

（二）有序空间

安全始终符合个体对于空间特质的想象。安全的空间有着多重内涵。一方面，安全意味着充分、可见的安全设施配套与服务供给。随着技术手段的丰富，社区内公共摄像头随处可见，社区特别是物业小区的安保人员的配备随之增加。另一方面，在社区的公共空间的安全还来自个体在社区中的安全感，也即，公共空间在满足个人需要的同时还会涉及个人安全问题。在《美国大城市的死与生》中雅各布斯提到城市中"必须要有一些眼睛盯着街道，这些眼睛属于我们所说的街道的天然居住者。街边的楼房具有应对陌生人、确保居民以及陌生人安全的任务，它们必须面向街面，不能背向街面，使街道失去保护的眼睛"。[1] 由此可见，城市街道是公共活动的重要场所，街道两旁居民在欣赏感受街上发生的有趣事情和景物时也在对街道进行观察，在一定程度上保证了街道的安全。例如，在一些老城区的街道上，道路两边有许多的商铺，包括服装店、面包店、餐厅等，甚至有教育机构，而在商铺的楼上有一些居民住所，所有的商铺以及居民阳台都面向街面。由于这里临街商铺较多，加之是传统的老城区市中心，因此人流量较大，街道繁华热闹，这体现了城市"街道眼"的属性。

秩序则是建立在安全基础上强调社区公共空间能够按照一定的规则来实现有效运转的状态。空间秩序的建立首先需要依靠制度创设，空间的规划设计、运营管理、使用维护需要完善的制度来予以保障。其次，空间使用者对于规则的遵守与维护秩序的自觉是有序空间的重要维度。最后，有秩序的空间并不只是维护空间的公共性。特别是对于社区公共空间来说，同样还隐喻着个体的生活空间，对于私有产权的尊重同样重要。公与私之间的均衡，既起到了维持公共空间舒适度

---

[1] ［加拿大］简·雅各布斯：《美国大城市的死与生》，金衡山译，译林出版社2022年版，第33页。

的作用，又能在公共空间中为他人的私人领域保持边界。总体来说，空间秩序体现在达成制度共识的基础上实现个体行为约束，以形成稳定且和谐的状态。这强调居民有权平等地使用空间且满足个体需求，也承担着维护空间秩序的责任。

和谐意味着社区公共空间内社会交往与社会互动的融洽与活跃。和谐的空间意味着人群在小尺度层面的集中且有着日常生活气息，并愿意参与到公共生活中来。和谐的社区公共空间还意味着对儿童、老年人、陌生人的友好，使用者能够对场所形成独特的情感共鸣。和谐最根本的还是要回归到互助互惠的邻里关系中，特别是对于城市治理来说，和谐的邻里关系为消解个体的脆弱、解决公共问题、形成积极的社会力量提供了一种可能。

（三）宜居空间

舒适为社区居民拥有良好的空间体验提供支持。舒适的空间是以居民体验为导向，其内在含义为，一是在空间和设施设计上便于居民到达与使用，从而提升空间利用率。空间可达是形成舒适的社区公共空间的重要前提。二是在方便居民使用的同时，又能够通过提供休憩设施、景观营造等方式为居民提供良好的环境体验。三是关注个体的精神需求，通过空间营造来实现对于个体的情感关怀，进而体现社区公共空间的文化属性。

空间设计美学能够为公众带来愉悦体验与精神意义，对于美的追求是空间的特质之一。对于美的追求直接体现为空间内多样的景观设计与搭配带给居民的体验。当然，每个空间都应该具有满足人民需求的共性，同时也需要创造自身的特色，从而能够给人留下深刻的印象。对于美的追求同样有着历史文化的意涵。社区公共空间往往是历史记忆的生动体现，内嵌其中的是地方文化。强调历史的传承与文化的创新始终是保持空间特质的关键。归属感和认同感的建构一方面来自社区居民之间的信任，另一方面则来自公共空间环境的营造，即体现地方文化，增强地方吸引力，增强居民的归属感和认同感。

需要指出的是，不同类型的空间特质不是割裂的，而是相互影响、相互成就的。受访者对于秩序的关注同样值得注意。在描述秩序时，受访者往往会提及秩序实现的基础（"规则""制度"）、使用者（"市民""人"）、秩序实施的空间以及与秩序相关的属性（"安全""混乱"等）。"空间秩序"与"秩序空间"是参与者使用频率最高的词语组合。值得注意的是，受访者还提到了"视觉秩序"，强调了视觉景观在建立、塑造秩序感中的重要性。

多元、有序和宜居高度概括了公众对于社区公共空间特质的理解与要求。公众对于空间特质的想象更意味着其对于公共空间功能、规划设计、管理运行、社会关系等不同层面的需要和期待。与此同时，空间的观念属性同样离不开各类空间行为的塑造。社区公共空间社会属性的重要性由此显现。

第三节　社区公共空间的社会属性

社区公共空间的社会属性是空间社会关系的映射，与社会进程特别是城市化进程紧密相关。一方面，无论是社会主体的活动还是社会互动，都要与空间发生关联。另一方面，社会主体对于空间的使用也在塑造着空间功能，并赋予空间更多意义。与此同时，社区公共空间的社会属性与社区的社会属性有着内在的契合。社会主体、社会活动、设施与空间的相互作用构成了社区公共空间社会属性的关键要素。社区公共空间的社会属性本质上也是社会建构的过程。

一　社区公共空间治理的多元主体构成

理解空间的社会属性需要厘清空间行为的主体，即谁在社区公共空间活动。社会主体的多元化决定了空间行为的多样性。基于现行的管理体制和社会运行实践，社会主体主要包括社区居民、社区党组织、居委会、业委会、当地政府、居民团体、社会组织、企事业单位和规划师。其中，社区居民是空间最重要的使用主体，更是社区公共空间治理的轴心。以人群来划分的话，社区居民中有老人、儿童、中青年等；就职业背景来说，社区居民中有国家公职人员、企业职工、灵活就业者、私营企业主、教师、医生、律师等；从家庭结构来说，社区中有核心家庭、主干家庭、大家庭，还有一些非传统家庭，如独居者、单亲家庭。基于此，社区居民的异质性以及由此产生的多元利益诉求是社区治理的主要特征，也是社区公共空间治理的现实背景。

而在社区人口结构愈加复杂、产权结构愈加明晰、居民需求日益多元、资源相对有限的现实前提下，仅依靠社区或是居民自身已经无法有效解决社区公共事务。加强基层党的建设、发挥党建引领作用成为新时代加强基层治理的重要力量。由此，社区党组织成为社区公共空间治理的重要主体。这也是由党的社会属性决定的。以党的建设促进社区建设，以此来领导社区工作并充分彰显治理效能。因此，社区党建的任务就是解决人民日常生活的问题，引领人民走向美好生活。在社区公共空间治理中充分发挥党组织的引领作用更加丰富了多元主体共治的意义。那么，如何发挥社区党组织在社区公共空间治理中的作用呢？2019年，中共中央办公厅出台了《关于加强和改进城市基层党的建设工作的意见》（简称《意见》）。该《意见》明确提出，要提升街道党（工）委统筹协调能力，增强街道社区党组织政治功能和战斗力，强化市、区、街道、社区党组织四级联动，做实网格党建。这些体制机制明确了各级各类党组织在社区治理中的角色与责任，更搭建了上下联动、横向协同的工作机制，以此推动社区实现共建共治共享。当然，在社区治理实践中，各地也在不断创新党建工作方法，完善党建引领社区治理的体系。

社区居委会作为基层群众自治组织，在调解空间矛盾、维护空间秩序、改善和提升空间治理效能等方面发挥着重要作用。社区居委会更是连接政党、政府、社会组织与居民的重要桥梁。住房市场化改革在赋予住房产权属性的同时，也使得房屋所有者拥有了产权身份，基于产权身份而形成的业主委员会代表全体业主维护物业管理活动中的合法权益。当然，社区同样也是政府管理的基本单元，从秩序维护到服务供给再到制度规范，都离不开各级政府的参与。特别是在依法治国、依法行政的大背景下，社区法治为多元主体行为的评价提供了依据。尤其是对于社区内的违建行为，物业小区内因共有物权而引发的冲突，都需要执法者介入其中，以维持公共空间的有序运行。此外，关于空间的供给、使用方式与利益分配同样离不开既有的政策支撑和地方政府的决策与参与。

居民团体、社会组织作为社区公共空间治理的社会力量为创新空间治理理念和方式提供可能。以居民自发形成为主要特征的居民团体如书画小组、晨练队等兴趣小组对于增进邻里关系、推动社区事务的开展起着积极作用。与此同时，社会组织不再只是公共服务的供给主体之一，还成为赋能社区治理的重要平台，这也是社会组织在基层治理中的新角色。向社区赋能主要有两方面的含义，一方面以社区学院、社会组织学院为代表的基层院校的兴起是提升基层治理体系和治理能力现代化的新探索。这些院校以邀请专家学者、以多种形式面向社区管理者和服务者提供培训，在模拟演练中共同商讨社区事务的推进，分享治理经验。从这个意义上来说，基层院校为专家学者、各行业的专业人士参与社区治理特别是空间治理提供了技术支持。另一方面，这些院校的设立使得社区公共空间的教育功能得以充分彰显。社区开放空间教育功能主要是面向社区居民提供公共文化服务，开展与空间景观设计等相关的社区活动。作为教育资源的社区开放空间能够为社区居民特别是儿童提供户外学习、开发潜能等诸多机会[1]。无论是治理能力的提升还是教育功能的实现，治理过程中的社区公共空间的重要性更加凸显，其成为治理主体发挥作用的关键支撑。

城市化进程的推进使得城市社区功能更加丰富。特别是对于城市社区来说，其行政边界内不只有住宅小区，也还是企业、事业单位的办公所在地。这使得企事业单位可以发挥其自身优势来为社区治理贡献力量。企事业单位参与社区公共空间治理的本质是共享治理资源并结合自身优势参与社区事务。其中，企事业单位为消解公共空间资源紧张提供了一

---

[1] ［英］海伦·伍利：《城市开放空间》，孙喆译，译林出版社2023年版，第39页。

种可能的资源支持。与此同时，特别是在社区公共空间发生突发事件时，企事业单位的工作人员可以就地转化为社区志愿者，与其他社区配合，共同参与到突发事件的处理中。

人民美好生活的需要不再只是解决空间供给、空间利用方式等问题，更重要的是对于舒适生活环境的追求。而社区空间品质的提升直接影响着居住环境的质量。社区规划师成为参与社区治理的新主体。从街头巷尾到社区各类服务设施，从小区绿地到社区公园，空间品质的提升不仅要解决好空间资源供给问题，同时还要强化空间的场景营造，将日常生活、文化审美、地域特色、自然风光等融入具体的空间场景中。社区规划师的重要作用由此凸显，社区规划师正逐渐成为提升社区公共空间品质、建设舒适宜居的新兴力量。随着社区微更新、微改造项目的不断推进，也正因社区规划师的活跃，各地呈现出特色鲜明、亮点突出、类型繁多的社区公共空间样态。

当然，在实践层面，作为治理主体的社区规划师的构成更加丰富，不是只限于从事空间规划设计的专业人士，还包括支持空间运作的相关主体。以成都市成华区为例，2018年7月，该区出台了《关于全面推行社区规划师工作制度加快建设高品质和谐宜居生活社区的实施方案》，并提出在全区范围内推行社区规划师工作制度。基于此，该区形成了区—街道—社区三级社区规划师的工作体系。其中，区级层面组建社区规划导师团，主要包括从事规划设计、社区治理、社区营造的专家学者，街道层面聘请社区规划设计师，主要是由来自企业、社会组织和研究机构等构成的专业人士提供工作方案。社区层面则组建社区规划众创组，主要是由社区贤达、热心居民构成，以表达自身的需求、提供设计意见。三级工作体系将规划理念—专业方案—民意表达有机整合在一起，在充分发挥不同治理主体优势的同时，也最大限度地实现了人民满意。

二 多元主体互动中的社区公共空间治理

社区公共空间的社会属性不仅指向多元治理主体的构成，更指向社区多元治理主体之间在社区公共空间内的互动行为。基于社区公共空间的多元主体互动本质上是回应居民需求，同时又因不同主体的角色差异而使得互动形态有所区别。首先，公共服务供给是回应居民需求的重要机制。一方面，以不同功能来划分的生活场景需要空间作为物理载体。作为互动载体的空间，关于空间本身的供给以及服务的递送需要不同治理主体的协作。毋庸置疑的是，基层政府、社区党组织、社区居委会深度参与其中，空间选址、规划设计、管理运营、统筹协调等建立在党委领导、部门分工、社区执行的基础上推动。从这个意义上来说，面向社区公共空间的行政过程主要是通过这三大主体实现的。与此同时，社区公共服务具有专业性，需要有专业背景的人员来提供相应的服务，比如社区残疾人的康复、老年人的日常照料。因此，以社会组织为代表的服务性机构和相关工作人员需要进入社区公共空间中。另一方面，社区公共空间自身的特质同样值得关注。换句话说，特定的空间有其特殊的历史文化价值，空间演变本身更有其特殊的历史文化脉络。比如北京的胡同、广州的骑楼承载着一段重要的历史记忆，如何保护和延续这些珍贵的历史记忆也成为近年来社区空间治理的重要问题。因此，社区规划师成为参与社区公共空间治理的新主体（详见表3-3）。还需要指出的是，社区公共空间的设计不仅在于保护其文化价值，同时也需要以更有吸引力的设计来提高空间使用效率，同时满足不同群体的偏好。因为吸引儿童的空间设计与适合老年人的空间设计显然是不同的。在治理实践中，成都社区规划师积极参与社区公共空间治理，并形成相对稳定的工作体系。就具体做法来说，以成都市成华区为例，"参与式五步工作法"是推动社区规划师运作的核心机制，其旨在推动社区空间改造项目的落地。"五步"主要包括民意收集、筛选项目、参与式设计、项目评审、项目实施与运营维护。由此可见，无论社区规划师群体的出现还是社区微改造、微更新项目的实施，对于空间文化特质、实用功能以及美感的追求将成为未来城市空间治理的新趋势。

表 3-3　　成都市社区规划师参与空间治理的实践

代表街区	主要实践
青羊区府南街道	实施"幸福改造"计划，邀请社区规划师参与老旧小区院落改造。规划师们在实地勘察院落情况、了解居民意见之后，采取"一院一策"的思路，制定改造方案。
锦江区书院街街道	打造"蜀韵华兴·古迹山水"社区美空间，将棚户区改造为集文化传承、消费休闲等功能于一体的社区文化艺术空间。
成华区猛追湾街道	改造荒废绿地，形成"东郊田野农园"。这一改造项目经历了从征求意见到提出构想最后到确定方案的过程。首先，3 名社区规划师和 4 名众创组成员深入了解了社区居民对美化社区空间的意愿；其次，社区规划师和众创组在听取居民意见、挖掘社区资源的基础上，提出社区公共空间设计构想；接着，经过社区、社会组织和居民的共同筛选，确定利用荒废绿地打造田野农园；最后，在对农园形态和作物搭配进行设计的基础上，社区规划师和居民对废弃绿地进行了改造。此外，社区规划师还对众创组和"农园协会"成员开展了相关培训，以提升农园管理维护水平。

　　除了回应居民需求以外，社区交往和社区互动还指向多元主体参与社区公共事务的治理中。这既包括面向社区公共事务的决策，如是否加装电梯、共有空间内行为准则如何制定、公共利益如何分配，还包括社区治理问题的解决。以居民自发形成的群体为代表的群众组织在推动社区共识的达成上发挥着积极作用。与此同时，由于单位制时期的历史原因，很多社区中建有医院、学校以及其他驻区的单位和企业。医院、学院以及驻区的事业单位大多为中央和地方财政支持的公共组织，因此其空间仍具有公共性。由此，居民、党组织、居委会、社会组织、驻区单位还包括新出现在社区的物业公司、业委会共同构成了多元的社区参与主体。在"共建、共治、共享"社区治理理念的引领下，基层政府的综合协调和服务角色则更加凸显。从这个意义上来说，基层政府的枢纽性功能由此彰显，即联结居民、社会组织、企事业单位等多元主体之间的关系。

　　基于此，多元主体参与下的社区公共空间治理也是构建社区共同体的过程。居民之间围绕日常生活展开的邻里互动有利于社区生活共同体的构建，居民与党组织、基层政府、社区居委会、社区社会组织等主体基于公共事务而形成的良性互动构成了社区治理共同体。此外，随着社区空间功能的日益多元，在日常生活之外的经济活动同样值得关注，其以更灵活且更能体现空间特质的经济形态在社区蓬勃发展。这种经济活动主要体现为社区的特色街区、网红商业区、社区综合体等。社区发展的共同体将成为越来越重要的社区公共空间治理主体。

从空间的表现形态来说，社区公共空间可大可小，既可以是一片闲置的空地，也可以是设施齐全的广场；既可以是一棵树下，也可以是各类社区互动中心或者活动室。从空间的功能来说，社区公共空间本质上为个体提供了公共生活的载体，同样也塑造着个体在公共生活中的行为与认知。从最基本的满足个体生活需求到邻里之间的日常交流，再到社区集体活动的参与，最后到参与社区决策，社区公共空间呈现着最为丰富、微观且生活化的公共生活场景。而个体对于社区公共空间特质的理解也在一定程度上反映着个体对于公共空间的想象与认知。总体来说，社区公共空间的多重属性彰显了公共空间治理的复杂性。因此，我们对于社区公共空间的理解需要超越一般物理意义上的认知，只有将社区公共空间的讨论带回到公共政策、社会认知等不同视角中，才能更好地理解空间治理的症结。而政策—观念—行动多重属性的交织使得社区公共空间治理的矛盾开始凸显。

第四节　基于不同场景的社区公共空间的多元特质

在梳理社区公共空间多重属性的基础上，本书主要以传统社区、城中村、物业小区、功能性社区空间为主要场景，描绘了真实场景中社区公共空间可能呈现的多元特质，并为我们激发社区公共空间治理潜力提供想象空间。

一　传统社区的空间：都市生活与历史传承

本书所指向的传统社区更强调尚未完全经历住房市场化改革的单位

大院、老旧小区抑或是有着悠久历史的街区。传统社区的空间形态既随着城市化进程的高速发展而动态调整，同时又积淀着历史变迁的空间特质。正因如此，传统社区的公共空间在都市生活与历史传承中体现着其多样性和包容性、内在的城市特色和文化魅力以及熟悉的邻里关系。

（一）彰显多样性和包容性

传统社区公共空间多样性直接指向为街区的多样性。这直接体现在建筑景观的多样化上。不同类型的住房丰富了街道的景观，同时也展现了多元文化交融的历史背景和城市文化。建筑景观的多样性也为空间功能的多样性和人群的多样性创造了更多的可能。而多样性本身就隐喻着包容性的存在，即特定空间对于历史与当下、传统与现代的吸收与融合，对于多种功能和多元人群的整合与吸纳。与此同时，功能多样性和人群多样性也是传统社区空间的重要特征。传统社区空间功能设计多为复合型，在街区即可实现生活（如图3-3所示）。这也吸引了不同年龄段的人群聚集于此。

两边的建筑底层都是老店，有酒吧、特色餐馆和五金店，等等，都是规模较小的店铺，非常有老城区的特色。支撑这些小店铺经营多年的理由之一，就在于这些老建筑相对较少的租金和管理费用。这些店铺贩售的商品也能够满足附近居民的普通刚需，形成一个良性的循环，每一个人都能在这里满足日常生活的需要。

图3-3 传统社区公共空间

(二) 在历史文化中体现城市特色

多元建筑风格的背景充分展现了文化交融的历史背景和城市文化特色。从这个意义上来说，作为文化符号的社区老建筑，还可以起到彰显文化特色的作用。而社区公共空间的设计同样要与城市文化相匹配，以便更好地向居民和游客呈现城市文化特色，在吸引游客的同时给居民以归属感和认同感。"在一个活跃的地区，没有什么建筑会由于年代太久而被废弃，因为总有人会选择它——其位置始终不会被新建筑取代。"这一句话用来描述街区历史建筑、文物古迹再合适不过了。与此同时，商业活力成为影响社区公共空间保护和更新的重要原因之一。历史建筑的保留可激发特定空间的商业活力。

那些有着深厚历史底蕴、小巧但能彰显时代特点的空间，往往更能体现城市特色。面向这些有历史感的社区公共空间更需要有效的城市规划予以支撑，在保留其历史感的同时，通过空间的再规划和再设计使其释放更多活力，这也是传统社区公共空间得以传承和发展的重要方式。

(三) 熟悉的邻里连接

不同功能的混合使用、短小的街廊、新旧并存的建筑物、密集的人口和紧凑的住宅，这些特征既是传统社区的优势，同时也塑造了传统社区公共空间的基本环境。熟悉的邻里连接意味着社区公共空间在日常生活中为居民创造着公共生活（如图3-4、图3-5所示）。这既包括居民在社区中为满足生活需要而产生的互动，同时也能够随着居民需要的改变而进行动态调整。比如，传统社区的公共空间通常会有各种功能不同的店面，物流点、理发店、美容院、水果店、杂货店、便利店等。与此同时，有些社区还设置了便民生活服务点，比如一家小型菜市场，供居民方便快捷地买到所需的食物，满足居民的日常生活需求。而加装电梯、社区微改造成为提升老旧小区生活品质的重要举措。

在满足居民日常生活需要的同时，对于城市街区来说邻里互动是十分重要的。社区内的公共生活为邻里连接提供了可交往的空间，促进了人与人之间经意或不经意的交流，在日常互动中帮助居民建立起稳定的社区网络，同时也提升了空间的安全性。当然，邻里连接不仅面向生活

提供可交往的空间是邻里建立连接的重要方式。在每栋居民楼下，有一大片空地供小孩玩耍、供老人们在树荫下乘凉聊天。传统社区公共空间功能与活动在动态调整中回应着居民诉求。

图3-4 熟悉的邻里空间

从一定意义上来说，空间的安全性是传统社区的优势所在。传统街区由于功能的多样以及街区既有的规划特征，有一些"眼睛"盯着街道，这些"眼睛"是指街道的天然居住者。街边的楼房具有识别陌生人、确保居民安全的功能，人行道上有行人通行，这样既可以增添看着街道的"眼睛"的数量，也可以吸引更多的人从楼里往街上看。与此同时，沿着人行道旁三三两两的商业点和其他公共场所，例如商店、酒吧、饭店，能以不同的、综合的方式维护人行道的安全。

图3-5 有安全感的街区

层面，同时还体现在塑造社区邻里感的社会行动中。基于居民自愿的行为和互助行动使得私人领域和公共领域产生关联的同时，还进一步强化了居民之间的信任以及社区责任意识。在一些老旧小区、单位大院，一些居民将私人物品或者私人空间共享给社区其他居民使用，这种自发行为成为促成邻里连接的直接行动体现。更进一步来说，良好的邻里连接也为社区公共事务协商互动提供了稳定的基础。居民自发的互助行为也增强了彼此对社区的认同感和归属感。

总体来说，在都市生活与历史传承中形成的传统社区公共空间，有其自身的特征同时也体现着其内在所应具备的空间特质。首先，传统社区公共空间的多样性和包容性是其空间功能丰富、服务人群多元、空间形态差异化的集中体现。其次，历史传承延续了传统社区的文化根基和历史印迹，使得居民和市民在潜移默化中了解地区文化，感受历史文化的气息。最后，传统社区公共空间成为支持人们开展社会交往的重要场景。这意味着社区公共空间不仅在于它在不同程度上满足人的需求，还在于它能让居民以更轻松、更简单的方式进行平等交流。这些社会性活动可以让人们对社区有特殊的情感并产生共鸣。也即，创造和谐的公共生活是传统社区公共空间的重要特质之一。

二 城中村的空间：本地与外地的相遇

城中村作为城市社区中一种特有的居住形态，其形成是我国高速城市化进程、经济发展奇迹、土地制度改革的缩影，更是体现外来人口在城市生活的重要切入点。而作为一种居住形态或者生活方式的城中村，村内的空间有着多面的特征。城中村内的开放空间是承载不同人群日常生活的空间。在此空间中，来自不同地方、有着不同背景、从事各行各业的人口在此聚集。因此，城中村内的开放空间有着浓厚的生活气息和痕迹，街区道路、小巷都会有为生活服务的商店，还会有基础性的公共服务设施。对于外来人口来说，城中村是其融入城市生活、建立新的社交网络的重要场景。对于本地人来说，城中村则是其生于斯长于斯的家园。本地人与外地人在城中村的相遇使得面向城中村的空间治理既要解决因外来人口扩张而产生的新的需要，同时还要注重本地的社会结构与文化传统。因此，对于城中村特定的空间类型（如祠堂）来说，其所发挥的作用在历史与现实之间不断进行均衡。由此，城中村不仅是重要的生活场景，同时也保留着地方性文化的历史记忆。

（一）承载城市日常生活的空间

具有烟火气和生活气息是居民实现日常生活便利性、服务可获得性、拥有社区感的生动体现。一般来说，城中村内有数不胜数的超市、小吃店、餐厅、水果店等以满足居民的日常需求。生活在其中几乎不愁吃喝，生活成本也低于城市的中心城区。城中村内部有着一定的活动空间，居住在这里的老人们可以在这里交流、娱乐。这些活动空间也成为孩子们放学后的娱乐空间。

当然，城中村之所以生活成本较低与其居住环境品质相对较差、基础设施相对落后等原因紧密相关。脏乱差随之成为城中村的固有标签，这同样延伸到城中村空间治理层面，并成为城中村空间治理的痛点和难点。需要指出的是，面向人口高度集中的城中村内的开放空间正在开始向精细化治理、微改造的方向转变，以改善城中村的居住环境品质、增进不同人群的互动、提升空间的安全感。这些都成为城中村空间治理的新尝试。

（二）在历史和现实中寻求一种平衡

城中村虽然是高速城市化进程的产物，但依然有其内在的乡土特质。这种乡土特质并没有因为外来人口的到来而被完全打破或者终结。特别是对于具有特色的城中村来说，尽管传统意义上的乡村面貌已经向城市转变，城中村内的社会结构在短短的几十年发生了急剧的变化，但是其内在的文化传承特别是宗族文化并没有被完全消解。在一些城中村内部，依然会有对外开放且正在使用中的祠堂。与此同时，在城中村改造规划的过程中也保留了具有文化意义的老建筑，在延续文化传承的同时，扩展了既有的空间资源，增强了空间对于居民的吸引力。当然，老建筑不只是包括以祠堂为代表的文化建筑，同时也包括集体所有的公共用房。老建筑虽然为集体所有，但是其所带有的景观属性和所代表的文化传承都使其具有公共性。当然，在空间资源相对有限的前提下，一些村内的文化空间也被改造成社区活动空间，以缓解城中村空间资源相对紧张的问题。

城中村的空间具有一定的地方性，但其所需要的空间特质在于如何回应多元需要、实现空间共享和社会融合、建构稳定和谐的社区秩序等，同时这也代表着异质性人口聚集的超大、特大城市社区公共空间治理的重要方向。

三 物业小区的共有空间：产权的意义

以物业小区为主要居住形态而形成的社区相较于传统社区，其房屋建成时间基本在住房市场化改革之后，房龄较新，空间基础设施比较完备，这也为物业小区内的社区公共空间治理提供了良好的物理基础。以市场化为驱动的物业小区建设同样也更加注重居民对于居住品质的要求，因此小区内的绿化覆盖、景观营造、公共空间配套有一定的优势。这也在一定程度上使得物业小区内的共有空间更加重视居民的生活体验。重视居民的生活体验一方面意味着小区业主或者住户能够在小区公共空间中享受舒适的自然环境和良好的居民互动；另一方面，同样强调小区周边配套即各类生活服务设施和公共设施的可达与便利。

（一）重视居民生活体验

共有空间是满足人们日常生活需要的场所。空间中多绿植和休闲健身设施，可以增加人与人、人与公共空间的良性互动。其中，满足儿童玩乐的需求是共有空间需要考虑的重要功能，并且成为空间场景营造的重要内容。紧凑的多功能布局为小区业主的生活带来更多便利。特别是对于区位条件相对成熟的物业小区来说，周边配套设施齐全是其优势所在。一般来说，物业小区附近会规划配套幼儿园、小学、中学、医院等教育、医疗配套设施。生活服务设施同样便利，一般会配有各类超市和商场，有的还会有酒店等餐饮、休闲娱乐配套。总体来说，各类设施与建筑的协调搭配会给小区居民提供更好的生活体验感。

(二) 资金的进入和前期投资是空间改造（更新）的重要前提

对于超大、特大城市来说，经历过高速城市化进程之后，整体发展空间面临增量约束，城市更新势在必行。因城市更新而形成的物业小区与一般意义上的社区微改造不同，其需要大规模开发建设才能完成城市更新。资本的进入则是实现城市更新的必要因素，在物业小区配套一定的社区商业体也是实现城市更新的直接体现。

当然，物业小区的共有空间同样需要满足多元人群的需要，但其所服务的主要人群是拥有产权身份的业主。这也使得业主们对于共有空间品质和设施配套有着更高标准和更明确的要求。因此，面向物业小区的共有空间往往更重视空间场景的营造，会为不同年龄段的人群特别是老年人、儿童创造符合其自身特质的空间形态。更为重要的是，就产权属性来说，物业小区的共有空间是业主们的共有物权，其可以在符合法律规定的前提下共同决定小区共有空间的使用方式、利益分配以及管理手段。从这个意义上来说，业主的产权身份投射在小区共有空间使用、分配和管理中的各个环节，业主的空间权利在社区层面得以充分显现。与此同时，物业小区周边的社区商业体与物业小区配套建成，社区商业体的繁荣与否直接影响着居民日常生活的丰富性。

四 功能性的社区空间：多场景的空间营造

与一般意义上社区的开放型空间不同，功能性的社区空间通常具有相对明确的功能划分，这一划分既来自自上而下的城市规划设计，同时也来自居民日常行为的塑造。功能性社区公共空间可分为休闲娱乐空间、社区文化空间、街区道路、社区体育运动空间和其他功能性空间这几类。这些功能性空间营造了多种社区以及城市生活场景，其所体现的空间特质是建设让人民满意的社区空间的重要维度。

(一) 休闲娱乐空间

正如前文所提到的，无论是传统社区还是城中村，抑或是物业小区，都面临公共空间资源紧张的困境。因此，社区休闲娱乐空间表现为诸多空间形态。

首先，在城市社区开放空间面临资源约束的情况下，充分利用桥下、树下空间成为扩宽空间资源的新可能，桥下、树下空间成为社区公共空间的新形态。特别是在自然景观舒适的周边，桥下、树下空间更是得到居民的喜欢。

桥下、树下空间因其充足的空间资源，增加了空间使用功能的灵活性，空间活动也更为丰富（如图3-6所示）。与此同时，桥下空间往往连接不同街区、商圈、住宅区等社区其他的功能空间，人口复杂度极高，街区腹地住宅密度高。这也使得桥下空间成为具有多样性的边缘地，吸引着不同人群聚集到桥下空间中来。有些城市政府已经开始通过规划设计、设施供给等方式为市民打造更好的空间体验。在调研过程中，周边的社区居民表示很满意健身器材的配置。主要原因在于，新的健身器材配套了长椅和遮阳棚，这很值得赞赏。对于带小孩来此处的群体来说，健身只是其对公共空间需求的一种体现。除此之外还需要有休息的空间，长椅在此就显得尤为重要。当然遮阳棚在特定地区同样很重要。特别是在多炎热多雨天的天气特征下，遮阳棚一方面能抵挡住太阳的直射，另一方面也可以为来此锻炼的人们提供临时避雨场所。也正因如此，桥下、

任何人均可进入树下、桥下空间进行活动和互动交流，充分体现了其所应具备的空间精神，居民可以进行多种多样的公共活动，这个公共空间可以满足多样的、个体化的需求（如独自锻炼或休息的居民），也可以为公众的集体性公共活动提供场所（如跳广场舞、下棋打牌）。

图3-6 树下、桥下空间

树下空间成为社区公共空间治理新的空间形态。特别是毗邻自然景观、特色街区附近的桥下、树下空间对居民有着更强的吸引力，其成为居民之间培育和建立新的社会关系的重要空间。

其次，特色街区在城市更新或者城市微改造的推动下成为具有多重功能的社区空间。具有历史文化背景的重要街区以其自身的特色加之城市更新成为吸引不同人群前往的空间。这些特色街区通常是附近居民、市民的日常生活空间，也是游客观光打卡的必选之地。承载着地方历史、彰显着地方特色的街区不仅成为吸引社区居民前往的重要空间，同时还会因有效开发而成为城市的著名景点。当然，特色街区的打造离不开资金的投入和政策的支持，同时还能够对居民形成吸引力。高密度的人流也会增强商户和其他机构在此区域进行投资建设发展的信心和吸引力。而多种类型机构的进入才能带来多功能、多样性的发展。一般来说，特色街区在打造的过程中会在保留一定的历史痕迹的同时，也加入一些现代生活的元素。

再次，城市（社区）公园从人口承载规模和地理位置来说，既包括小尺度街区层面的社区公园，也包括大尺度的城市公园。无论何种尺度的公园，都为市民提供了休闲放松的空间。分布广泛的城市（社区）公园是居民日常休闲娱乐最主要的去处。城市（社区）公园是承载居民日常活动的重要空间，得到了城市政府的关注，口袋公园、城市公园建设纷纷提上政策议程。充足的人流量是判断城市（社区）公园是否深受居民喜爱的重要标准。而影响城市（社区）公园人流量的原因是多方面的，具体体现为，设施完善是城市（社区）公园确保其能够被有效利用的重要前提。空间开放与可达、复合功能的设计、合理的游园规划、空间审美体验等不同维度共同塑造了受欢迎的城市（社区）公园特征。有些城市（社区）公园因其特有的景观风貌、文化再或者是特色商业空间成为新的空间运营方式。特别是对于城市（社区）公园来说，商业区与住宅区、休闲区有机地融合在激发空间活力的同时，也为居民提供了可到达的公共空间和更舒适的空间使用体验。

城市（社区）公园的差异化景观特征、多区域布局、复合型的功能满足了不同区域不同人群的需要。城市（社区）公园为居民休闲活动的开展提供了更多可能性，也是其周末、节假日的好去处。人们在城市（社区）公园的聚集不仅能够促进人与人之间的联结，还为居民形成新的生活方式提供空间载体。露营、飞盘等户外活动的兴起丰富了居民的城市生活，这些活动也在一定程度上拉动了新的消费需求。

最后，城市（社区）广场在发挥其休闲娱乐作用的同时，还能在城市尺度解决社区公共空间资源相对紧张的问题，成为社区公共空间的重要组成部分之一。一方面，城市广场周边同样有各类住宅小区，可以解决周边居民的日常生活需要；另一方面，处于市中心的城市广场因其占地面积、功能定位和地理位置等优势成为连接城市不同功能区和各类公共设施的枢纽空间，这就使得居民可以在相当短的时间内到达不同类型的城市空间。不难发现，一些重要的城市广场地处地铁沿线，公共交通可达，周边分布着博物馆、图书馆、大剧院、少年宫等重要的公共设施，邻近地区有商业广场，还有艺术公园、体育公园等各类公园，这极大地吸引了城市人流。与此同时，现有的城市（社区）广场建设也更加注重设计美感和景观营造，吸引市民驻足和关注的地标涌现，进而呈现更丰富的视觉体验。

以休闲娱乐为主要功能的公共空间是居民日常需要、经常使用的空间类型。让人民满意的休闲娱乐空间需要充分挖掘和释放不同类型空间资源的潜力，探索多种方式激发空间活力，为居民提供更便利、更舒适且更美丽的空间形态。

（二）街区道路

之所以强调街区道路作为一种功能性空间的重要作用，原因在于，其不仅仅是服务于居民的日常通行需要，更在于居民的经过往往伴随着一定的社会交往与互动，进而形成消费、闲谈、通行等不同的空间行为。与此同时，街区道路周边的环境同样塑造着居民对于空间功能的理解和判断，从而影响其在特定空间内的行为。从空间设计特征来看，使用频率较高的街区道路通常短小可达且连通性好。街区之间的紧密连接也为居民的出行提供了便利。就空间功能而言，特别是在中心城区，沿街道路旁设有各类商店和公共服务设施，为构建 15 分钟生活圈创造了条件。这使得沿街道路始终有着充足的人流量，增加了人们见面的机会，增强了街道的安全感。就空间与人的关系来说，街区道路的空间设计与功能布局是否合理直接体现在街区的人流量和居民空间使用的感受这两个方面。

街区道路的重要意义在于它是使人们与空间发生各种关联的中介性质的空间形态。街区道路的质量以及景观设计、规划管理直接决定人们对于特定空间的印象和感受。由此，街区道路成为展示空间多样功能、城市风貌和居民生活状态的重要窗口。

（三）城市（社区）体育运动空间

体育运动、健身活动已然成为居民城市生活的重要组成部分。跑步、散步、骑行等可以在不同空间尺度开展的运动成为一种日常生活方式。因此，城市（社区）体育运动空间必不可少。除了大型的体育设施和商业体育运动场所外，网球场、篮球场、乒乓球台等体育运动空间和各种健身设施开始越来越多地出现在社区空间中。即使空间资源相对紧张或者空间设施相对滞后，但在社区中也都会看到特定的体育运动空间或者设施。体育运动将社区内不同背景的居民有机地整合在一起，促进居民互相了解。

社区公共空间始终与人们的日常生活密切关联。日常生活的复杂性和人的需求的多样性对于社区公共空间的规划设计、位置选择都有着不同的要求。尽管空间类型、功能以及社区类型和治理场景存在差异，但好的社区空间仍在有着相似特征的基础上呈现出多样化的空间特质，并构成让人民满意的社区空间的必要前提。比如，人人可进入且可使用，舒适的使用体验，具有较强的包容性，有着历史文化的传承，能够吸引人们为之停留和聚集，让城市看起来更加有活力、更有人情味，等等。人们在空间中所感受到的安全感、包容性、舒适感、活力、归属感和认同感构成了社区公共空间特质的重要组成部分。

总体来说，个体的差异性使得人们基于公共生活的行为规划而达成共识则显得尤为关键，却也十分困难。尽管如此，个体关于空间的想象依然有共识。开放性是推进社区交流和融合的重要特质，同时也是建构社区交往、社区信任和社区认同的重要路径。社区充满活力符合个体对于空间的期待。通过空间设计、设施优化和活动参与来营造和谐的空间氛围同样符合个体的想象。空间秩序的维护来自相对清晰的边界界定，即公与私的均衡和规则约束。当然，空间所面临的张力在于资源的有限性与社会活动公共性之间的张力。社区公共空间的多重属性彰显了空间治理的复杂性。因此，我们对于社区公共空间的理解需要超越一般物理意义上的认知，将对空间的讨论带回到公共政策、社会认知等不同视角中，才能更好地理解社区公共空间治理的症结。

第四章
矛盾凸显：社区公共空间治理的症结

制度、观念、社会行动在塑造空间边界、功能、交换价值等方面的同时，也加深了社区公共空间治理的复杂性和治理难度。社区公共空间既是治理资源，也是社区的互动场景，还是行政管理对象，在特定空间内被赋予产权的意涵，同时还呈现历史文化特征。这三重属性在社区公共空间治理中交错重叠、相互影响，也为社区公共空间治理矛盾的产生埋下了伏笔。

那么，在现实经验层面，社区公共空间治理矛盾体现在哪些方面？应该如何理解塑造社区公共空间治理矛盾的症结呢？本书在对传统社区（老旧小区）、物业小区、城中村等不同社区类型、不同空间形态进行实地调研的基础上，并通过对问卷、新闻报道以及访谈资料的分析，对社区公共空间所面临的主要矛盾进行了归纳分析。

就具体方法来说，一方面，本书主要在广州市、成都市开展社区调研，通过影像发声法、问卷调查、座谈会等方式来观察社区公共空间的真实行为和实际治理过程，并发现其中的突出矛盾。

另一方面，本书借助新闻报道、已有研究等二手资料，扩展理解社区公共空间治理所面临的新问题。具体来说，本书利用《中国知网中国重要报纸全文数据库》，以"公共空间使用、空间矛盾、空间张力、空间冲突"为关键词，对2007—2022年与此相关的新闻报道进行了搜索，共收集了437篇报道。基于此，本书围绕"社区公共空间究竟有哪些问题或者矛盾"这一问题展开，首先，筛选出和此问题直接相关的新闻报道原文；其次，分析提炼新闻报道原文中矛盾发生的群体有哪些以及发生的具体场景；再次，在明确矛盾主体和发生场景的基础上，归纳具体的治理问题；最后，根据具体治理问题的内容，归纳问题类型。

在对新闻报道初步的文本分析中发现，从空间类型来看，空间中发生的矛盾主要集中在小区共有空间、社区开放空间，如社区广场、公园、街区道路，同时还发生在一些公共设施内，如博物馆、图书馆、文化馆、小区地下空间。与此同时，这些矛盾也反映在居民之间、业主与物业公司、居民与规划师等不同治理群体之间，在这些矛盾背后体现着社区公共空间治理所面临的结构性张力。

第一节 空间资源配置与居民需求的不匹配

制度文本中的社区公共空间明确了空间的权利边界、产权归属、类型与功能、使用方式、治理架构等基本内容。但制度文本中的社区公共空间并不总是能够完全满足社会期待或者符合社会想象。不能充分回应社会期待的原因在于，制度文本中关于空间的各种规范设计在治理现实中同样面临约束。特别是对作为治理资源的社区公共空间来说，其物理属性决定了其在地性、不可流动性的特征。空间资源的丰富程度以及配置不仅会影响居民的空间体验，而且空间资源是否与居民需求匹配更加直接关系到资源的使用效率和居民满意程度。与此同时，政府作为基层治理资源供给的主体之一，相关制度安排及其政策制定对于空间资源配置有着重要影响。更进一步来说，特别是在空间资源有限的前提下，政策需要在不同的治理目标或者社会期待中做出权衡。即便如此，资源配置与居民需求的不匹配依然存在。这主要包括两个面向，一是空间面临资源约束。这也是现行制度或者说具体政策安排无法有效回应居民期待的直接原因。二是空间无法满足居民的实际需求。也即，现有的社区空间规划配套与管理未能有效满足居民的实际需求。

一 社区公共空间面临资源约束

资源约束是空间治理特别是超大特大城市空间治理所面临的直接挑战和普遍问题。在社区层面，这种资源约束主要体现在两个方面，一是空间超出自身承载力。也即，空间资源缺乏，其中资金短缺是其集中体现。二是空间的规划与设计缺乏联动，从而使得资源约束的情况无法得到有效缓解。

(一) 空间超出自身承载力

空间资源相对缺乏，甚至超出自身的承载能力成为社区公共空间面临资源约束的直接体现。特大城市空间治理面临高度集中的人口密度与空间有限之间的矛盾。尤其是对已经经历过高速城市化进程的城市来说，增量土地有限使得可用于空间建设的土地受到压缩。更为重要的是，由于土地价格和房价的持续走高，社区空间资源被严重挤压。在一些城中村，缺乏篮球场等运动场所；没有足够空间组织较为大型的娱乐活动；社区内巷道空间狭小，绿地面积不足，存在消防和生产安全隐患等问题凸显。"增加社区周边文体健身设施场所"成为受访者的重要诉求。

人口集聚、高建筑密度本身就意味着空间资源的紧张，影响居民的生活体验。空间本身的匮乏使得邻里之间对于空间的争夺问题更加凸显。特别是在超大特大城市，社区停车空间有限，使得居民借助障碍物占用公共空间而引发邻居不满的情况时有发生。这些都使得社区居民在社区的日常交往活动中受到空间限制而无法有效展开，只能走出社区，这也在一定程度上消解了社区互动的可能以及社区社会资本的积累。

与此同时，对于超大特大城市的社区或者超大人口规模的社区来说，空间资源约束已经显现。因空间资源有限而使得居民缺乏在社区互动的空间、多元需求无法兼顾、缺乏必要的公共配套设施等问题始终困扰社区公共空间的治理。但问题在于，在存量空间有限的情况下，依然存在空间利用不充分，对于邻近公共空间资源的盘活还有待完善等问题。特别是对于住宅区相对集中的社区来说，小区邻近的空间资源同样可以被利用起来以缓解资源紧张的问题。但比较遗憾的是，往往这类空间存在道路破损、缺乏维护等问题，这使得空间功能相对单一，从而使得空间资源有限与空间资源浪费的现象同时存在。

空间超载的压力还来自居民的日常生活需要配套类空间予以支撑。就公共服务来说，以服务居民日常生活为主要功能的社区综合体、社区学校（幼儿园、小学）、社区医院、日间照料中心、社区活动中心或开放空间、社区体育场地（体育设施）是重要的社区空间设施。就生态环境空间来说，公共绿地、社区绿道、林荫路、社区口袋公园成为居民日常生活的新需要。将社区功能进一步扩大化来说，社区生活服务商店（如便利店、快递网点等）、电影院、商业楼宇、商业街区等丰富的空间类型为便利居民的日常生活创造着更多的可能。此外，风险社会的到来使得消解风险可能带来的伤害变得愈发重要。因此，社区应急空间的准备也需要有所准备。而充分利用、盘活现有的空间资源需要一定的资金支持，因此，资金成为影响空间利用和空间品质的重要因素。

（二）资金短缺

空间资源的缺乏不仅在于物理环境的空间不足，同时还来自支撑空间发展的治理资源也存在不足的情况，这直接体现在资金短缺上。也正因空间维护的资金有限，使得空间设施缺乏必要的维护。比如，垃圾堆放点清理不及时、公共空间环境破败。小区健身器材生锈无法使用，失去原来的功能。特别是对于特大城市来说，老旧小区的整治则面临"缺钱"的情况。"缺钱"也进一步体现了老旧小区改造下一步可能要面临的困境。因为老旧小区整治除了需要有社区积极分子将居民调动起来之外，还需要投入一定的资金来支撑改造工程的实施。但老旧小区的居民一般没有物业维修基金。因此，空间改造的资金来源问题则有待解决。此外，老旧小区多为国企的单位大院。如果企业效益好，小区改造则会因资金充足而成功。一旦企业无法提供资金支持，小区改造则无法推进下去，进而导致小区设施比较落后，呈现衰败迹象。

调研发现，因缺乏配套资金而引发的社区配套建设滞后也体现在长者日间照料中心的建设上。根据某区的相关规定，每个社区都要建有长者日间照料中心，而且配套资金为10万—30万元。街道要求社区来做，但只能在配备完成以后再进行资金拨付，这就要求社区垫付。但现实问题在于，社区并没有足够的资金来垫付长者日间照料中心的开支。城市社区普遍没有土地等集体资产，也就没有财政之外的资金来源，最后该项目只能暂时搁置。部分社区基础设施存在缺位或尚未投入使用的情况，尤其是幼儿园、老年活动中心等场所数量较少，还不能满足居民需求。如某小区数千户居民只配备了一个幼儿园、小区幼儿园尚未建成等。更进一步来说，空间治理面临资源约束的同时还会使得其无法满足居民多元化的生活需要。

（三）空间规划与设计缺乏联动

正如前文所强调的，空间是一个开放系统，这意味着空间需要与周边环境发生关联，最理想的状态是实现功能互补。但问题在于，既有空间无法与周边环境形成良性互动，也即基于附近的空间连接不足的情况相对弱化了空间使用效率以及附近居民之间的互动。就具体场景来说，在物业小区内，特定空间内缺乏配套设施，导致空间闲置或者功能有限；城中村的内部道路和空间使用则缺乏与外部的连接，使得城中村空间资源紧张问题无法得以缓解。

空间的开放性意味着其需要随着经济社会的发展而进行调整，并回应可能发生的变化。但问题在于，在空间资源有限的前提下，如何规划与设计可利用的空间来满足社会变迁的需要则成为非常重要的问题。共享单车的出现在方便居民通行的同时，也对空间资源的供给提出了更高的要求。原本的人行道因为新建的天桥变得更加窄了。与此同时，有些广场的楼梯设计因未能考虑到人流的剧增而存在安全隐患。因此，空间规划与设计的联动还指向与经济社会发展变迁的联动。

不难发现，社区公共空间的资源约束体现在诸多方面（详见表4-1）。当然，空间资源约束的产生不仅来自人口的集聚以及高密度的城市建设，还来自早期城市化进程中缺乏统一的规划，空间管理的规范性不足且更多地服务于城市经济发展，进而使得治理问题、新的居民需求出现时，缺乏可利用的空间资源来予以回应。与此同时，空间的维护不仅需要资金的支持，同时也需要一整套的规划设计、管理规则、组织架构和运作机制来予以统筹协调。但从目前的制度规范和管理体制来说，面向空间治理的精细化的制度设计还相对薄弱，这也是空间面临资源约束的重要原因，同时致使空间无法有效回应居民需要。

表4-1　　　　　　　社区公共空间面临资源约束的归纳

主要维度	集中体现
空间资源缺乏，超出自身的承载力	缺乏配套服务设施
	道路狭窄、缺乏必要的休闲娱乐空间
	高密度的住宅小区使得绿地面积不足
空间缺乏持续维护	垃圾堆放点长期没有清理，空间环境质量差
	道路树木生长使得道路变形
	小区健身器材生锈无法使用，失去原来的功能
空间设计难以满足未来需求	现有空间难以增加共享单车和电动单车的停车区
	原本的人行道因为新建的天桥变得更加窄了
空间与周边环境缺乏联动	社区道路缺乏与外部的连接
	以生产为主要功能的商业区与社区无直接生活关联

二　空间无法满足人民需要

城市人口规模的扩张同样意味着需求的多样化和差异化。空间功能的多样性既是体现其活力的重要因素，同时也反映了居民需求的多元性。不同群体对于空间的期待与想象对社区公共空间的设计与规划提出了更高要求。但问题在于，有些空间还无法有效回应居民需求。这主要体现在空间功能异化、空间设施配置与居民实际需要之间存在偏差以及空间品质有待提升这三个方面。

（一）空间功能异化

空间功能异化主要指向既有的空间功能失灵，出现空间功能有限、规划功能与使用功能偏离、空间利用率不高等治理问题。

首先，空间功能失调。空间功能多元愈发成为空间布局的重要前提。这里的多元意味着空间不同功能之间的相互协调、配合。比如，社区在提供儿童设施的同时，匹配相应的休息设施供看护者使用同等重要。又如，有些公园因为便民设施配套不足，如小型便利店、公共厕所等，进而使得市民无法在公园停留过多时间，约束了空间功能的发挥。空间的真实功能和虚假功能之间存在张力。随着技术的不断更新，空间的服务设施也随着技术的进步而发生改变，进而使得有些设施出现闲置甚至造成空间资源浪费的情况。一些社区公共设施不能够再继续发挥其用途，但又没有被替换，影响空间美观的同时也浪费了空间资源。虚假用途同样还意味着空间的衰败。这种衰败主要体现在空间被废弃方面。例如，由于手机的普及，有些电话亭变成了人们临时躲雨的地方。因此，空间功能的更新显得尤为重要。特别是对空间资源相对紧张的社区来说，重新规整、盘活既有的空间资源，需要及时处理那些被虚假用途所占用的空间。

其次，空间及其设施功能出现异化主要来自居民通过空间行为重新定义空间用途。一方面，社区（小区）内部全体居民所有的空间被私人占用。特别是街区的沿街商铺挤占人行通道的现象较为普遍。加之人行通道还有自行车、电动车等非机动车辆通行，使得原本狭窄的街区道路的空间秩序以及空间安全无法得以保障。另一方面，在社区停车空间相对有限的情况下，停车位置的选择便开始影响其他居民的空间使用。一些车主将车辆停在社区体育设施旁边，使得居民无法正常锻炼身体。再或者，占用小区公共道路违规停车，影响小区其他居民通行效率。即便是物业贴警示单，但类似现象依然屡禁不止。当然，这一问题的形成与空间资源有限有关，也与私家车数量持续增加相关，还与前期空间规划与设计未能充分考虑未来社会变迁等关联。复杂原因下的直接后果就是不仅会给社区居民的通行带来不便，还会引发居民间的矛盾或者使他们对于空间管理不满意。

最后，空间使用效率不高（缺乏人气）。传统社区空间治理的优势在于其有着良好的社区互动氛围、便利的生活设施，但其核心约束在于空间资源紧张，空间设施需要维护和更新，这同时也使得传统社区空间使用功能出现偏差。一方面，老旧社区空间资源紧张，空间设施配套面临用地不足的问题；另一方面，由于老旧社区缺乏空间维护使得空间衰败现象出现。此外，尽管有些老旧小区设置了健身设施，但由于位置较偏僻，居民对其利用率则相对较低，设施由此空置。这使得有限空间资源争夺与空间空置并存的情况同时存在。

建设特色街区成为激发社区活力、增强街区吸引力的实践探索。因此，强调特殊性是特色街区保持其吸引力的重要原因。但随着面向街区的城市更新或者微改造的推进，部分街区设计有着更为统一的建筑风格，同时同质性的商业活动引入街区中，这使得街区自身特色无法彰显，进而出现街区的建筑风格与其他街区有着相似的风貌。这也进一步弱化了特色街区在功能和景观上的多样性。

(二) 空间设施配置与居民实际需要之间存在偏差

空间设施的完善程度影响着公共空间功能的实现水平。随着人民生活与社会活动的日益丰富，空间功能也随之多元，居民对于空间设施的要求也更加多样。空间设施配置存在偏差，主要原因在于空间设施配置的不完备、不合理使其无法为居民美好生活的实现带来实质性改变（如图4-1所示）。

图4-1 空间设施无法满足人民需要

首先，空间设施规划设计与居民空间使用习惯存在一定的偏离。城市（社区）公园既是社区公共空间的重要空间形式，同时也是居民日常休闲娱乐的主要去处。但在社区公园实际建设中，空间规划设计不符合居民的实际需要，进而出现空间空置的情况。比如，各地政府积极推进口袋公园建设。但一些城市的口袋公园存在设施配套相对不足、可达性较差的问题。这使得口袋公园只能成为居民通行的通道，无法吸引居民驻足停留，导致空间功能无法得以发挥。特别是对于人流量较大的公园来说，提供可供休息的设施是居民的基本需要。但在一些城市公园中，基本没有沿路长椅或供人停留休息片刻的设施，这就出现了居民只能沿台阶而坐、席地而坐的情况。此外，空间设施配置依然要考虑地方差异。特别是对于南方城市来说，由于一年中高温天气较多，遮阳设计则显得尤为重要。在一些社区公园，用于休息的长凳周围没有任何遮阳设计，这也使得原本用于欣赏江景、湖景的长凳被闲置。与此同时，一些城市（社区）公园因使用率不高、地理位置较偏等原因而使得空间景观不尽如人意。

其次，有些空间设计确实是以便利居民使用空间为出发点，但实际效果却无法实现其设计初衷。在调研中发现，某城市广场的主要入口附近放置了石球以阻挡汽车、电动车的进入，以确保居民在广场活动的安全性。但问题在于，很多石球间距过窄，许多老年人甚至是年轻人在通过此处时都需要大步跨过石球。特别是年纪大的老人们都需要在此驻足一下慢慢跨过，以免摔倒，给人们的出行造成了困难。此外，这种设置往往会显得杂乱无序，影响广场周围的风景，降低人们来广场散步的体验感。再比如，作为一种常见的社区健身器材，上肢牵引器很受欢迎。这类健身器材本应出现在小区或公园的空地上，但这类器材单独出现在了马路旁的街道上，其不仅占用了人们本可行走或停放自行车的位置，同时还与周围的各类建筑显得格格不入，周边居民也基本不使用。在商业区和住宅区混合的社区小广场，儿童设施和车辆不分流使得空间安全不能得到有效保障。

最后，空间设施规划未能与社会发展保持同步，从而使得不同空间内的行动者受到不必要的影响。随着共享单车的快速发展，原有的街道规划并未给共享单车提供充足的停放空间。这导致单车使用者为了方便只能就近停车、随意摆放，进而使得停车乱象出现。与此同时，乱停车行为导致既有的空间功能不能发挥，大量的共享单车堆积在人行道上，给人们的出行带来了极大不便。

不可否认的是，治理主体为改善社区环境和设施、回应居民需要做了多种努力。但问题在于，面向居民日常生活的空间设计以及设施配套是否能够有效回应居民的实际需要。因此，回应居民需要还应考虑空间品质的提升。但目前空间品质提升仍然面临一定的挑战。

（三）空间品质有待提升

空间品质是指社区内的各类空间是否能够给居民带来安全、舒适、便捷的空间体验，因此，空间品质直接关乎居民对于空间的使用体验，同时也间接塑造着居民对于社区的归属感和认同感。空间品质主要体现在三个方面（详见表4-2），一是，生活环境本身是空间品质的直接体现。空间环境是居民与空间产生关联、发生互动并形成个体体验的重要载体。就具体问题来说，在老旧小区，生活物资随意摆放、车辆乱停乱放等问题较为普遍。卫生条件差、空间景观不符合大众审美较为常见。二是，基础设施既需要公共空间来配置，同时又是空间功能发挥的重要保障。空间基础设施配套同样面临挑战，比如既有的设施需要重新更换，其持续维护的问题没有得到妥善安排。三是，对于空间品质的评判还来自居民认知，即使用者的直接感受。安全感缺失、管理混乱、使用不便等都会促使居民认为社区空间品质有待提升。

表4-2　　　　　　　　　**空间品质有待提升的体现**

主要维度	具体体现
生活环境	垃圾处理不及时； 生活物资随意摆放； 车辆乱停乱放； 违建行为始终存在； 公共绿地被侵占； 电线乱拉乱接。

续表

主要维度	具体体现
基础设施配套	供暖、供水等管网老化； 小区道路破损； 无路灯； 无停车场。
生活品质	社区安保不能保障； 消防通道被堵塞； 社区活动空间有待升级改造； 空间缺乏管理。

根据实地调研和访谈显示，居民对于提升社区空间品质的需求非常强烈。根据空间类型的不同，这些需求主要分为两类，一类是强调基本生活服务空间的改善以保障居民日常需要。如增加停车位、发展立体停车场；打通断头路、改善交通秩序；整治道路的脏乱差，改造和优化基础设施配套。根据社区工作人员反映，百姓真正关注的是跟自己生活息息相关的设施的改善程度，比如，水管、污水、网线、电表等。这些可能无法以美观的形式呈现出来，但却是居民特别希望政府来出资改善的地方。特别是对于老旧小区来说，除了看得见的空间资源有限外，基础设施老化、乱搭电线、道路受损等问题同样值得关注。因为空间基础设施的维护与管理更关乎居民的日常生活以及空间安全。另一类是强调休闲娱乐空间的增加满足居民闲暇娱乐和社交活动的需要。在调研中，社区居民对社区公共空间升级改造、改善社区公园景观、增加休闲娱乐空间等方面表达了自己的期待。

基于此，面向空间品质的提升需要回应三重需要，一是充分发挥空间功能以满足居民的基本需要；二是空间品质需要，以为居民提供舒适、便利的空间体验为导向；三是协调需要，以彰显空间功能的复合性为前提，综合不同人群对于空间功能的想象和利用，进而提升空间利用效率以及居民满意度。

总体来说，一些社区公共空间之所以不能够有效回应居民需求、空间品质有待提升，其深层次原因在于整体性规划设计的滞后与城市人口高度集聚之间存在张力。狭小的空间布局加剧了人地关系紧张，人口密度高而空间容量低的矛盾，成为诸多社会问题和矛盾的根源所在。公共活动空间不足降低了居住品质，限制了街道环境提升。特别是对于超大城市的社区公共空间治理来说，面向空间的规划设计需要充分考虑人口规模的扩张以及不同群体的多元诉求。而规划滞后在使得空间资源紧张、生活设施不足以外，还弱化了居民在社区的互动，使其对社区的认同感和归属感更加薄弱。这也是我们要重视社区公共空间供给的重要原因。

第二节 基于治理过程的偏差

基于治理过程的偏差构成了社区公共空间治理矛盾的又一重要维度，制度、观念与行为三重属性的内在张力在治理过程中显现。首先，面向社区公共空间治理的制度体系在为空间良性运行提供规范体系的同时，也因治理情境、治理主体等差异而使得制度运行呈现不同结果。这直接体现为空间规则难以有效调适居民行为。其次，居民的实际行动在一定程度上体现了其对空间用途的界定。居民行动的背后更反映了不同治理主体对于空间使用方式、权利分配、空间管理的理解和认识等方面存在差异，进而在有限空间内产生各类矛盾。最后，不同场景下的空间治理矛盾既是不同治理主体间矛盾的延伸，也凸显了特定空间类型的治理矛盾。制度与行为、行为与观念、观念与制度之间的张力内嵌于社区公共空间的治理过程中。

一 空间规则难以有效调适居民行为

空间行为规范制度完整，但对居民行为的监督则相对缺失。也即，与空间相关的制度体系较为完善，但缺乏更为精细化的执行标准与日常监督。这意味着既有的空间规则无法有效约束居民的实际行动。比如，因个别居民不文明养狗（如不拴绳）、私拉电线等行为而引发其他居民对于空间安全的担忧。不文明养狗行为在社区开放空间内也时有发生，进而引起其他居民的不满,更严重的还会对社区居民造成伤害,并触犯法律规定。尽管已经有法律对相关行为进行了规定,但仅仅依靠居民自觉执行的约束性相对有限。

(一) 居民行为未能得到有效约束

有些空间行为虽然没有触及法律法规,但个体行为偏差依然会对空间秩序产生破坏,进而对其他居民日常生活产生影响(详见表4-3)。特别是随着博物馆、图书馆等公共文化设施的免费开放,无论是社区层面的公共文化空间还是城市尺度的公共文化空间,都面临一定的管理挑战。具体来说,公共文化空间异化为乘凉、休息等其他功能的空间,进而使得空间行为规范无法有效约束居民行为。课题组在调研中发现,社区公共空间内的各类设施如小区围栏、电线杆成为居民日常晾晒的空间。盲道被共享单车占据,盲道被后期的工程隔断的现象也非常普遍。此外,原本用来给行人行走的人行道成为共享单车的停放区域。

表4-3　　　　　　　　居民行为未能得到有效约束的体现

空间类型	主要问题	问题类型	具体体现	案例来源
图书馆、博物馆等文化场所	不文明行为	空间使用方式	在免费开放博物馆、图书馆后,诸多不文明行为产生,比如,夏天跑到博物馆里"蹭"空调;在展厅长椅上睡觉;在图书馆内破坏书籍等。	张楠:《"免费开放:准备好了吗?"》,《工人日报》2011年2月25日第5版。
社区广场	居民的健身活动侵占其他功能的公共空间,造成安全隐患	空间使用权、空间安全	居民健身活动如暴走、打鞭等对于周围居民的安全造成一定的威胁,"暴走团"侵占机动车道,影响交通安全。	乔彩:《"去哪儿健身"将不再难》,《人民日报海外版》2021年9月20日第5版。
街区道路	占用公共空间乱搭乱建	空间使用权	社区道路私搭乱建严重,常年被各种摊位、私人物品占用,影响通行,甚至存在安全隐患。	孙旭晖、徐明泽、朱文军等:《行稳致远,精心绘就"强富美高"绚丽图卷》,《新华日报》2021年7月1日第7版。

续表

空间类型	主要问题	问题类型	具体体现	案例来源
物业小区共有空间	空间行为失范	空间管理、空间安全	居民不文明养狗行为（如不牵绳）对其他居民的安全造成一定的威胁。	周慧超：《文明城市从文明养狗开始》，《九江日报》2018年8月12日第2版。

（二）空间违规行为增加治理难度

由于住房空间布局紧凑，存在违章搭建、占用、堵塞消防通道等情况。而对于违规搭建行为的监督与处理则从私人问题转变为公共问题。因为关于违建问题的解决需要行政执法人员介入以明确相关责任，同时会涉及居民对于处理结果的认可程度。发生在社区公共空间的违建行为不仅关乎居民的生活安全，同时还涉及行政主管部门的介入。无论是何种类型的社区形态，居民违建行为都或多或少地发生。主要体现为，一些违章建筑侵占社区开放空间，还有业主私自扩展地下空间，在自身房屋的基础上搭建违章建筑，影响他人居住安全。这些违规空间仅依靠居民之间的协商或者冲突无法从根本上解决问题，而是需要行政执法部门的介入。解决社区公共空间的违建问题不仅是简单的行政执法拆除违章建筑的问题，还涉及不同主体对于空间使用方式的理解。由于空间资源紧张，部分居民并不认为违章建筑应该拆除。与此同时，整治之后依然有新的违章建筑产生。从这个意义上来说，法理和公众的认知存在一定的张力，因此，消弭行政执法者与居民之间在空间使用方式上的分歧同样重要。

违章建筑不仅侵占了公共空间和其他居民的公共利益，而且因堵塞消防通道和道路、破坏房屋结构、损坏地下管线等原因存在安全隐患，进而威胁人民群众的生命健康。这使得妥善处理违章建筑成为社区公共空间治理的痛点和难点（详见表4-4）。特别是违章建筑的拆除，更需要根据现行的法律法规对违章建筑予以处理。但问题在于，一方面，拆除违章建筑并不容易，需要跟居民进行充分的沟通、讲道理。一旦沟通失败，容易产生新的冲突，进而将矛盾进一步扩大化。另一方面，居民的违建行为不仅体现在违章建筑上，还体现为在房屋的外立面、阳台等部位增加外挑式设施，如防盗栏、玻璃窗，并在这些设施上存放一些杂物。无论是从城市景观还是从居住安全来说，这些新增的设施或者杂物的堆放都存在一定的隐患。

表4-4　　　　　　　　　　空间违规行为增加治理难度

空间类型	主要问题	问题类型	资料来源
社区开放空间	违法建筑侵占公共空间。	空间使用权	赵芳：《〈陕西省城市公共空间管理条例〉出台》，《中国建设报》2013年11月26日第2版。
房屋	居民不规范增设房屋外挑式设施，侵占了社区公共空间。	空间使用方式、公共安全	马雪荣、李思娴：《昆明全面规范房屋外挑式设施》，《昆明日报》2009年12月10日第A04版。
物业小区	小区违章建筑问题普遍，城管介入则容易产生新的冲突，影响社会稳定。	空间管理	郑瑞涛、付瑞洁：《小区私搭乱建法不责众?》，《北京日报》2012年2月8日第18版。
地下空间	业主私挖地下室扩展地下空间。	空间管理	李想：《遏制疯狂"土拨鼠"需填补法律漏洞》，《法制日报》2015年2月9日第3版。

（三）空间规则适用范围有限

制度规范有一定的适用范围，但无法兼顾特定产权类型的空间。也即，在现行制度规范无法将空间行为纳入其中时，与特定空间相关的利益主体就空间使用方式如何达成共识则变得尤为重要，并成为空间问题解决的可能方式。在一些老旧小区、单位大院，由于住房兴建时间早于住房市场化改革之前，住宅专项维修基金制度尚未实施，绝大多数的老旧小区或者单位大院的房主并没有缴纳该项基金。也正是由于没有专项维修资金的支持,居民就邻里空间的使用与维护、成本分摊等问题达成共识则面临诸多困难。其中,是否加装电梯问题就是典型案例,特别是住在高层的住户希望能够加装电梯让生活更加方便,但对于低层用户来说这种需求并没有那么强烈。更为重要的是,加装电梯主要是依靠房主来承担加装成本,因此,关于成本的分摊成为低层住户与高层住户无法达成一致意见的重要原因。

此外,以空间设施为核心的维护与管理成为社区公共空间管理的重要问题。管网老化、道路损坏、绿化缺失、景观破败等诸多情况需要维护和管理。空间设施的维护不仅关乎居民的生活体验,同时也关乎社区空间的公共安全。因此,空间品质的提升不只在于改善居民的生活环境,更重要的是,重新规范和优化空间秩序,消解可能产生的日常风险。

二 不同治理主体之间的矛盾呈现多样态

居民的实际行动在一定程度上体现了其对空间用途的界定。不同治理主体之间的矛盾主要是指由于不同主体对于空间的使用方式、规划设计、权益分配等方面的理解差异而产生的矛盾。治理主体的空间行为本身就构成了治理过程的重要面向。在对空间矛盾的437条新闻报道进行分析的基础上研究发现,就矛盾发生的群体来看,居民之间、开发商与业主、物业公司与业主、政府与居民之间、规划设计师与民众不同群体之间的关系构成空间矛盾发生的主体。其中,居民之间的矛盾主要围绕空间功能来体现,开发商、物业公司与业主之间的矛盾主要是基于共有空间的利益分配、服务质量等问题[1],规划师与居民之间则围绕空间质量和空间设计来体现。

(一)居民之间的矛盾复杂化

居民之间的矛盾在问题形态上更加多样并分散在不同的空间场景中。就问题类型来说,居民之间的矛盾主要集中在空间使用方式、空间权益分配、空间安全、空间管理、空间维护等方面(详见表4-5)。

---

[1] 开发商、物业公司与业主之间的矛盾因涉及产权问题,一并在下一节讨论。

表 4-5　　　　　　　　　　居民之间的矛盾

空间类型	主要问题	问题类型	资料来源
社区广场	跳舞产生的噪声与其他居民对安静的需求产生冲突并激烈对抗；居民对有限的空间有不同的需求，由此引发冲突。	空间使用方式	公欣：《城市广场舞纷争下的公共空间难题》，《中国经济导报》2014年8月30日第B06版。
单位大院	住户私自将公共空间改建，搭建花园、菜地，影响居住环境。	空间使用权	《崇州 以人民为中心 绘就城乡幸福生活新图景》，《成都日报》2022年10月16日第16版。
老旧小区	居民无法就是否加装电梯问题达成共识，高层住户是加装电梯的支持者，但低层住户则认为加装电梯影响光照，同时还涉及因加装电梯而产生的成本分担问题。	空间使用方式、公共利益分配	廖雪梅、黄光红：《看重庆如何破解老旧小区改造"三难"》，《重庆日报》2021年8月6日第1版。
物业小区	居民私自拉线占用公共空间给电动车充电，存在安全隐患。	空间安全	张玉香：《"有事好商量"为居民幸福"加码"》，《华兴时报》2022年4月18日第3版。
	业主在景观河里种植植物以增加收入，引发其他业主的不满，且无法达成共识。	空间使用权	杨洁：《公共空间岂能自说自话？》，《嘉兴日报》2007年6月29日第1版。
	居民在家门口安装摄像头侵犯他人空间。	隐私保护	王明建：《擅自安装监控摄像头 侵犯邻居隐私应拆除》，《检察日报》2017年12月16日第3版。
	邻里之间因楼道公共空间使用方式发生矛盾，双方都希望可以占用公共空间，业委会则对双方进行了批评教育，要求大家清理楼道杂物，引发业主不满。	空间使用方式、空间管理	盛玉竹：《居民小区易发纠纷，民法典帮你理清家长里短》，《检察日报》2020年12月2日第7版。
	业主之间对于公共停车位的归属存在差异，邻里矛盾激化。	空间使用权	杨晓斌：《小区公共车位咋不能居民共享》，《北京日报》2021年10月29日第15版。

续表

空间类型	主要问题	问题类型	资料来源
开放空间	居民随意停车，侵占社区空间，堵塞应急通道，造成秩序混乱，引起其他居民不满。	空间使用权、空间安全	周健伟、马晓澄、周颖：《广州用绣花功夫"活化"老旧城区》，《新华每日电讯》2021年9月14日第1版。

　　居民之间的矛盾内生于空间设施、空间行为、空间观念以及与之相关的空间政策安排等不同维度中。生活方式的差异使居民的空间行为存在差异，同样体现着其对于社区空间功能的认知。特别是对于社区公共空间的使用方式和使用权的界定因个体认知不同而存在较大差异，这也成为社区空间内居民之间矛盾的集中体现。个体对于空间功能界定的差异，即个体对于空间功能的理解本身就与规划设计的空间功能不一致。也正是因为个体对于空间功能界定存在差异，即使是同一空间，不同个体也会有差异化的行为方式。特别是在社区广场、城市广场等面积相对较大且个体活动相对多元的空间中，不同个体或者不同群体之间会对于空间使用方式及其可能产生的后果持有不同的观点。暴走、打鞭等健身活动的兴起吸引了诸多市民的加入。但一些居民认为打鞭行为会对空间内的其他居民的安全造成一定的威胁，而暴走团会因人数过多、规模过大而占用机动车道，进而影响到公共交通秩序。从空间使用者的个体出发，这些行为都有一定的合理性，但从空间秩序的维护以及不同空间使用者与空间的关系来说，需要不同行动主体就在社区公共空间使用方式以及使用规范层面达成共识，并约束自身行为，以此来消解因空间使用而形成的矛盾。

　　居民基于空间使用权的矛盾主要产生于谁来使用社区公共空间以及何为合理的空间行为这两个问题的分歧上。特别对于人人皆可进入的开放空间来说，居民对于何为合理的空间行为存在一定的分歧。现在很多的老旧小区由于物业疏于养护，很多的公共绿地杂草丛生或者已经变成了一片荒地。于是就出现很多住户"圈地开荒"，把公共的绿地变成自家的"后花园",进而引发邻里之间基于绿地使用方式的冲突。与此同时,居民对于空间改造的诉求存在差异,以老旧小区改造为例,增加绿化面积、加装电梯、增加停车位、加强基础设施维护、改善居住环境等成为居民的基本诉求。从空间利益分配来说,业主利益被物业公司侵占、街区道路被商户占用而影响居民日常生活,进而使得公共利益受损。空间的利益分配涉及不同治理主体对于法律法规、市场合同等制度设计以及空间功能的理解,这使得围绕空间利益分配的问题成为关键。

居民之间的矛盾还呈现新样态。特别是对于物业小区来说,除了房屋的专有物权非常明确以外,房屋外的共有空间不仅涉及使用权的共享问题,还涉及个体隐私保护的问题。业主在门口安装摄像头的行为虽然保护了自身的安全,但对于其他住户来说,却可能涉及隐私的侵犯,因此,共有空间的隐私保护问题成为社区公共空间治理面临的新问题。这使得居民之间关于特定范围内的共有空间安全与个体权利保护的争论加深。停车问题不再只是针对私家车、电动车等,非机动车的增加更是加剧了停车困难。在空间资源有限的前提下,侵占消防通道,占用小区内部道路、人行道、楼道等乱停车行为成为空间矛盾的新体现,并由此形成新的空间管理问题。

为了方便居民的日常生活,社区商业体往往与住宅区在物理空间上紧密连接。商户的商业活动存在挤占社区空间,影响居民日常生活的情况(详见表4-6)。因此,如何在便利居民日常生活的同时,减少居民与商户之间就空间使用方面存在的分歧同样也是社区公共空间治理需要考虑的问题。

表4-6　　　　　　　　　　　商户与居民之间的矛盾

空间类型	主要问题	问题类型	资料来源
社区开放空间	商业活动侵占公共空间,占道经营,存在安全隐患。	空间使用权	孙连宇:《谨防身边公共空间"被私有"》,《沈阳日报》2012年7月26日第A06版。
	商业活动扰民,影响居民日常生活,给周边环境带来一定的负面影响。	空间管理	徐国富:《为百姓幸福生活创造优美环境——高新区环境综合整治工作综述》,《本溪日报》2017年7月11日第2版。

(二) 城市规划设计师与居民之间的认知偏差

城市规划者、设计师与居民之间的矛盾主要来自居民对于空间规划设计和审美层面有着更高的要求和期待，同时居民也亲身感受着空间规划设计对于其日常生活的影响。也正是因为不同治理主体之间对于空间规划设计的考量不同，进而存在着差异化的感受和认知。这成为矛盾产生的重要原因。而这些矛盾也体现在不同时期的新闻报道中（详见表 4-7）。

表 4-7　　　　　　　城市规划者、设计师与居民之间的矛盾

空间类型	主要问题	问题类型	资料来源
功能性空间	空间可达性差，设施缺乏，使用率低。	规划设计	曲经纬：《城市副中心8个小微项目入选市级项目库》，《北京城市副中心报》2021年9月15日第4版。
公园	公园的垃圾桶配置相对不足。	规划设计	《公园减少垃圾桶或时机未到》，《深圳特区报》2015年5月5日第B12版。
开放空间	空间规划不合理，用地紧缺，导致供需矛盾。	空间规划	窦瀚洋：《改造老旧小区 满足居民所需》，《人民日报》2022年10月19日第13版。
功能性空间	空间设计未考虑到残疾人、老年人的实际需要。	空间规划	周燕珉：《老年人对社区景观及公共空间的需求》，《中国房地产报》2013年12月16日第A20版。
社区绿地	为了拓宽停车空间解决停车难的问题，绿地被改造成停车场。	空间使用方式	叶小青：《解决停车难，别老打绿地的主意》，《佛山日报》2016年8月19日第F02版。
街区道路	在城市老城区，古树的生长与道路的拓宽存在两难。	环境保护	王海平、蔡惠燕：《南京"梧桐难题"》，《21世纪经济报道》2011年3月17日第5版。
开放空间	空间设计与公众审美接受不匹配，公共设施设计不合理，影响使用。	规划设计	《以人为本营造最佳人居环境》，《中国城市报》2018年6月18日第02版。

续表

空间类型	主要问题	问题类型	资料来源
开放空间	空间中的公共艺术表现与公众审美接受不匹配，大众难以理解强加于自身的审美。	规划设计	《千篇一律的炫酷视觉刺激，或许会对公众形成干扰》，《文汇报》2018年7月19日第11版。
滨水空间	城市的滨水空间连续性、可达性不强，景观碎片化，缺乏对于历史文化的挖掘，影响居民的体验感。	规划设计	顾晓红：《苏州河：历史文脉期待更好传承》，《联合时报》2017年7月25日第3版。
街区道路	机动车特别是消防车、救护车、垃圾车无法在社区道路中通过，进而影响居民日常生活需要。	空间规划	白诚颖：《老树新枝绽芳华——我市老旧小区改造让群众得实惠》，《玉溪日报》2022年2月25日第3版。
街区道路	公共交通站点的换乘被绿化隔离带阻拦，进而使得居民通勤时间被延长。而道路旁本应发挥安全保护的防护栏（隔离带）因缺乏维护在无法有效发挥其既定功能的同时还会影响行人的安全。	规划设计	奚冬琪：《政府管好"隔离栏" 市民树起"规则栏"》，《人民政协报》2021年8月30日第5版。
开放空间	一些围蔽物、障碍物占用公共空间使得空间环境品质不高。	规划设计	谭琳、龚妍、庄武、谭文静：《精细管理硬环境 提升城市软实力》，《惠州日报》2021年6月30日第A20版。
老旧小区改造空间	空间改造未能充分考虑不同居民的需要，使得改造后的空间设施被拆除，在浪费资源的同时也引起居民的不解。	规划设计	孙延安：《楼前坡道刚"满月"怎么就拆了》，《北京日报》2021年12月3日第11版。

从城市规划的角度来说，空间设施的规划配置成为直接影响居民空间体验的重要因素。但目前空间设施所面临的问题在于，首先，空间设施未能完全考虑群体的差异化需要，特别是面向残疾人、老年人的设施设计还需要被进一步地关注。而在一些老旧小区的改造中，还存在改造完成后的公共设施被拆除的情况。其次，面向特定场景的城市规划也未能充分匹配因人口规模扩张而形成的新需求。比如，社区公园或者城市

公园由于人流量较大，垃圾桶的配置还需要进一步加强。又如，城市古树的生长需要与路面拓宽以缓解交通拥堵之间的张力同样考验着治理者的选择。有些城市为了拓宽行车道或者新建停车场而占用城市公园绿地或者休闲娱乐空间的问题仍然存在。因此，人车矛盾也是社区开放空间规划设计所须直面的问题。最后，面向空间的城市规划未能充分考虑到市民的生活便利。特别是在公共交通站点的换乘、连接处存在通行不畅的情况。直接原因在于原本可以以最短直线距离通行的道路被绿化带、隔离带等阻隔，加之站点边还存在乱停车现象进一步影响了居民的通勤效率。系统性城市规划设计的缺失还延伸到城市滨水空间。无论是社区层面的滨水空间还是城市尺度层面的滨水空间都是吸引居民前往的重要空间形态。因此，面向滨水空间的规划承载了更多居民的期待。但由于有些城市滨水空间的整体规划相对滞后，使得滨水空间缺乏连贯性，可达性和观赏性不足。

从城市设计的角度来说，随着人民生活水平和综合素质的不断提升，人们更加关注空间本身的审美。现有面向社区（城市）开放的空间存在设计审美与公众审美不一致的情况，主要体现为市民认为现有的空间设计和艺术手法相对较为单一，流于形式；空间设施设计不合理。比如，街区道路旁的灯光设计、街区道路的围蔽设施影响市容市貌。由此，社区开放空间或者更大尺度的城市空间审美开始进入居民视野中，并成为居民关注的议题之一。这意味着对于空间设计以及由此而形成的美学效果同样成为影响居民对于空间是否满意的重要维度。与此同时，治理主体也更加关注空间设计的美学审美以及文化底蕴。也即，空间设计要体现特定城市的文化气质和历史脉络，而不是被商业性宣传所替代。此外，一些城市设计还存在安全隐患，进而引发公众的担忧。

不同于其他治理主体之间的冲突，城市规划设计者与居民之间的矛盾并不体现为两类治理主体的直接冲突，而是相关联的间接冲突。公众对于社区公共空间的体验会归因到城市规划设计这一层面。城市规划设计之所以重要，原因在于，从公众的角度出发，其直接与公众的感官连接，是公众"看得见、感觉得到"的空间，是最易感知的空间，并促使公众形成对于特定空间的评价。更需要指出的是，空间规划设计层面的矛盾背后关乎更为复杂的城市治理问题。因为城市空间规划与设计需要均衡不同的治理目标，比如舒适的通勤体验与有序的通行、历史文化的传承与城市治理问题的解决。多元治理目标牵引下的城市公共空间必然涉及多元治理主体的参与及其相关利益的考量。因此，城市规划设计不再只是技术层面的空间布局和分配，而是涉及不同制度、主体、条件约束下的选择。总体来说，居民更加注重空间品质和景观设计，追求空间的美学体验已经成为社区公共空间治理的新趋势。城市规划者、设计师与居民之间的矛盾主要体现在空间规划设计层面，与公共服务设施、开放性公共空间、功能性空间等具体应用场景紧密相关。

三　空间治理矛盾场景化

虽然不同场景下的社区公共空间治理呈现出多元的特质。但在不同类型的社区中，由于空间配置、功能、使用人群、制度规范等方面存在差异，不同场景下的社区空间治理同样存在一定的治理张力。

以城中村为代表的居住区是超大特大城市的重要组成部分。更为重要的是，城中村本身因其生活成本的优势而成为外来人口在城市生活的重要聚集区。高密度的人口聚集必然需要充足的基础设施予以配套，但问题在于城中村的基础设施配套要么相对较为滞后，要么品质有待提升，从而进一步影响了城中村的居住环境。城中村空间治理的难点在于，如何在人口高度集中且不大拆大建的情况下，提升城中村内公共空间的品质，进而消解现有城中村内公共空间中所面临的治理风险。比如，基础设施投入无法匹配人口的增加。道路脏乱狭窄，部分街道两个人无法并肩行走，出现道路拥挤等现象，给当地居民带来了不便。由于各种线路乱搭，电路基础设施常年供多人使用，消防设备也不足，存在紧急疏散和消防等风险。

一般来说，物业小区的产权安排使得业主的居住体验与小区的市场价值紧密关联。这意味着舒适居住体验的获得需要业主投入更多的购房资金。但对于城市土地资源相对紧张或者人口规模超过千万的城市来说，物业小区的共有空间同样面临密度过高而影响居民居住体验的问题。同时，超大特大城市物业小区共有空间治理面临两难，一方面，公共服务配套相对齐全的物业小区往往位于中心城区，但小区共有空间被压缩，影响居住体验；另一方面，公共服务配套还在建设阶段的物业小区一般地处外围城区，空间配套设施的可达性有待提升。但也正是因为物业小区地处外围城区，其共有空间相对充足，但服务设施可达性较差。因此，如何更好地均衡物业小区内的共有空间配套和小区周边的社区开放空间及其服务设施配套显得尤为重要。

就功能性空间来说，街区道路治理所面临的问题主要体现在道路空间设计、日常道路管理与规制、道路秩序维持这几个方面。街区道路设计合理与否直接影响着道路的人流量。一些新建成的街道功能较为单一，与其他功能区特别是商业区相分离，主要是用于居民通行。道路设计的弱连通性同样会给居民到达或者使用其他空间设施带来不便。更进一步来说，原本过马路就可以到达的公园，被有轨电车截断。整条路只有一个在有轨电车车站旁边的过街斑马线，位于公园的尽头。马路对面的居民想要到达公园必须沿着主干道走很长时间才能横穿马路到达公园，十分不便。公园工作人员讲道："平时这个公园很少有人光顾，只有周末或节假日才有游客到访。"由此，道路设计不合理影响其他社区空间的可达性。街区道路设计仍然存在没有充分考虑居民的实际使用需求、通行习惯和使用体验的问题。除了规划层面的问题外，街区道路也存在居民行为方式不当，如私自占道、不遵守交通规则、致使空间规则虚置、居民自行定义空间用途等问题。居民空间行为方式在街区道路相对狭窄或者人流密集的区域会导致产生空间秩序混乱的问题，还会影响人们的出行安全。

总体来说，基于治理过程的偏差主要体现在，空间规则难以有效调节居民行为，不同治理主体间的观念、行为等差异而引发的矛盾以及不同治理场景的空间治理难题中。除了在市民广场之外，在物业小区内，业主之间因广场舞扰民或者占用公共空间而影响其他业主生活的矛盾愈发突出。此外，在回迁安置房和商品房并存的物业小区，安置房业主是否能够共同享受小区物业配套设施也是业主之间争论的关键。因此,在产权明晰的前提下,如何实现社区公共空间共享同样值得关注。

第三节 产权身份与空间共有的不对等

伴随着住房市场化改革的推进,住房成为重要的资产形态。在物业小区,以产权为基础的共有空间成为不同治理主体争夺的焦点。以交换价值来衡量空间在一定程度上削弱了共有空间的使用价值。因为赋予空间以交换价值意味着空间被视为一种特殊的商品形态而被出售,而不是以居民的实际用途为出发点来进行使用。该类矛盾主要发生在以业主身份为基础的物业小区且具有私人产权的共有空间中。

一 基于共有物权的冲突

与传统单位社区或者老旧小区以及城中村不同的是,一般情况下,物业小区实行封闭式管理,其小区内的公共空间主要是面向拥有产权的业主及其在小区居住的居民,这也使得物业小区内的共有空间的使用有一定的排他性,且强调产权身份。《中华人民共和国民法典》第二百七十一条规定,业主对建筑物内的住宅、经营性用房等专有部分享有所有权,对专有部分以外的共有部分享有共有和共同管理的权利。这由此构成了共有物权的法律基础。与此同时,《中华人民共和国民法典》第二百七十四条规定,建筑区划内的道路,属于业主共有,但是属于城镇公共道路的除外。建筑区划内的绿地,属于业主共有,但是属于城镇公共绿地或者明示属于个人的除外。建筑区划内的其他公共场所、公用设施和物业服务用房,属于业主共有。共有物权主要表现为特定物业管理区域内的全体业主拥有共有部分和共有设施的所有权。这进一步明确了共有物权的范围以及业主基于共有物权的权利。但涉及共有物权和共同管理的事项需要由业主共同决定。共有空间则是共有物权的空间显现,主要体现为物业用房、公共架空层、绿地等诸多形态。

(一) 基于空间权益分配的分歧

共有部分作为业主集体所有，因其不可分割且非排他性而比专有部分的权利属性更为复杂。主要原因在于对于共有物权的界定不清晰，共有部分的使用与费用分担存在受让主体的不对等的情况[①]。即现行法律相对忽视了基于物权而产生的利益分配问题。举例来说，物业小区内公共停车位的归属同样成为居民之间产生矛盾的重要导火索，进而引发居民对于小区内公共停车位的争夺。一般来说，由于部分小区公共停车位的归属并没有完全明确，再加之由物业公司运营，居民对于物业公司的管理并不总是认同和满意，这使得业主站在不同立场去理解停车位的归属有一定的现实依据，进而使得业主都认为自己享有公共停车位的使用权。

与此同时，物业公司也因开发商的选聘而先于业主掌握了对共有部分的实际控制权以及对于合约的制定权和解释权。也正是因为这一条规定，作为房屋所有者且处于最核心位置的利益主体——业主在房屋销售前就已经被排除在外，由开发商、物业公司来代替其完成基于物权的权利和利益分配。规则一旦制定，根据现有的法律法规，业主需要通过业主大会来进行修改，程序相对复杂且成本较大。此外，从目前法律对于共有部分范围的认定来看，用列举的方式来说明建筑物共有部分的范畴，显然不可能包括全部的建筑物区分所有的共有范畴。

与此同时，建立在产权基础上的共有空间对于业主来说，一方面，小区共有空间与业主日常生活息息相关，这就决定了业主对于共有空间功能、使用方式、使用权限的关注；另一方面，涉及业主的共同利益，因为共有物权所产生的收益而产生的矛盾尤为凸显。问题在于，业主并不总是能够就共有空间的使用、收益分配等方面达成共识。这也成为基于共有物权冲突产生的重要原因。基于共有物权的空间矛盾正在成为社区矛盾产生的重要方面。

---

① 陈晓林：《建筑物区分所有权之共有权制度争议问题再探讨——以相关司法解释为起点》，《东北大学学报》（社会科学版）2011年第5期。

在调研中发现，在某花园小区，共有部分的管理费已由业主缴纳给物业公司。这就意味着物业公司无权擅自对小区的共有部分的收益进行处置。可是，该小区的物业公司先是将小区内的公共场所租给陶瓷公司、装修公司来做露天的摆设，随后还将大面积供业主休闲的露天平台改造成停车位租给小区其他业主。小区业主这样说道：

> 花园里面的公共停车位、露天平台都是我们业主自己的地方，是交给管理公司帮忙管理，不是说送给了物管公司。但是这间物管公司从收取了装修公司的租金一直到现在，都没有归还给业主任何公共收益，这就不合法了。怎么现在物业管理公司就把业主的公共收益自己吃掉了，不归还业主呢？①

特别是涉及利益分配时，主要是以业主身份作为区分是否具有事务决定权或者是收益权。空间矛盾主要体现为，一是共有产权归属不清而引发使用权的争夺，如人防车位、地面车位的占用等。二是共有部分收益分配不共享不透明。物业公司的"霸王条款"，侵占、改造共有部分以谋取利益，无法令业主满意的物业服务质量，这些违规违约的侵权行为将业主与物业公司置于对立面，制造新的矛盾冲突。共有空间被邻居侵占而无法使用、公共绿地被圈占的问题时有发生。

（二）基于共有空间管理的矛盾

基于共有物权的冲突不仅来自共有物权分配、使用方式的冲突，同时还来自因管理体制不健全或者说缺乏常规管理机制而产生治理问题。这种情况主要集中在老旧小区、单位大院。因为公共空间的管理与维护是物业公司的工作内容之一。由于有些小区没有引入物业公司，老旧小区空间环境问题、安全隐患都无法及时得到解决。住房市场化改革后兴建的物业小区按照现行规定一般都需要聘请物业公司来进行管理。面向物业小区共有空间的管理问题也日益凸显。主要原因在于

---

① 资料来自物业小区业主的访谈。

管理主体履责不充分或者管理方式不恰当，业主与物业公司因共有空间管理问题而引发矛盾。物业公司作为小区共有空间重要的管理主体，其与居民或者说业主之间的矛盾主要体现在公共利益分配、空间使用方式和空间管理这些方面。

首先，从产权的角度来说，小区共有空间属于业主的共有产权，同时能够产生一定的收益。但在实际情况中，物业公司作为小区共有产权的重要运营主体，存在侵占业主公共收益的行为，进而引发业主对于物业公司的不满意。因此，关于空间利益分配成为触发物业公司与业主之间产生矛盾的关键。

其次，从契约的角度来说，物业公司与业主本质上是契约关系，即业主通过与物业公司订立服务合同来就双方的责任义务予以明确。问题在于，业主不满意物业公司的服务质量成为普遍现象。其中包括物业公司对于小区共有空间的维护与管理不符合业主预期而产生矛盾。比如，小区绿化缺少养护、环境卫生问题较为严重、外来人员随意进出造成安全隐患、车辆乱停放导致空间失序等，这些问题都成为业主与物业公司产生矛盾的直接原因。

最后，就公共空间的使用方式来说，物业小区的产权属性决定了物业公司无法未经业主同意就改变共有公共空间的用途。但从现实情况来看，物业公司擅自改变小区共有空间设施用途的情况依然时有发生，这使得业主与物业公司之间的矛盾更加深化，同时引发业主对于物业公司的不信任。总体来说，无论是开发商还是物业公司，其与业主之间的矛盾都是建立在产权归属明确的基础上。因此，矛盾的产生主要与产权收益分配、共有空间的使用方式等紧密相关。

与此同时，在调研中，我们也发现，社区干部对于商品房小区治理缺乏有效抓手的问题感受颇深。居委会、业委会、物业公司以及业主之间的关系不顺，良性互动很难建立，最后经常陷入多方主体矛盾频发的困境，进而影响社区两委在业主心中的形象，使得社区工作人员在开展工作时很难得到业主的支持和信任。总体来说，基于共有物权的冲突体现了制度规范与实际空间使用行为之间的张力。即便是拥有产权身份的业主，在共享公共空间的过程中同样存在利益受损的情况。

特别是邻里之间因共有物权的使用方式产生分歧时，物业只能发挥协调的作用，而没有执法权，只能使侵占共有空间的一方退还已经占用的共有空间。因此，谁来决定以及如何决定空间的使用方式则显得尤为重要。业委会作为小区业主的代表，在参与调解因邻里共有空间使用而产生的矛盾时，同样会面临其他业主的质疑，进而使得调解面临一定的困难。因此，物业小区内共有空间使用方式、利益分配等问题的解决需要立法层面的再推进，以确保业主的合法权益得到制度层面的保护；也需要业主与物业公司、开发商的良性互动，以明确三方主体间的权责边界；更需要业主之间主体性作用的发挥，形成可遵守的共有空间使用公约，在正式的制度体系外实现对于全体业主的行为约束。

就矛盾主体发生来说，物业小区的共有空间矛盾不仅发生在居民之间，同时发生在开发商与业主、物业公司与业主之间（详见表4-8）。开发商作为物业小区的生产者，其与业主的利益关联同样延续到业主收楼之后。开发商与业主之间的矛盾主要围绕着开发商侵占业主利益，本质是对于小区共有空间使用权的分配问题。比如，开发商为自身利益擅自提高容积率，挤占原本承诺给业主的公共空间，影响居住品质。与此同时，开发商故意抬高停车位的价格或将车位租给非小区业主的情况同样存在，这使得原本紧张的停车位资源变得更为紧张。

表4-8 开发商与业主、物业公司与业主之间的矛盾

公共空间类型	主要问题	问题类型	资料来源
停车位	在停车位资源紧张的前提下，开发商故意抬高车位价位或将车位出租给非本小区住户。	空间使用权	景泊：《小区停车位，为何让人如此纠结?》，《镇江日报》2011年7月11日第3版。

续表

公共空间类型	主要问题	问题类型	资料来源
小区公共空间	物业侵占小区公共空间的收益所得。	空间利益分配	白雪：《小区公共空间的收益岂能不明不白》，《中国青年报》2012年8月10日第5版。
	小区绿化缺少养护、垃圾随处可见、乱搭乱建现象突出，物业管理不及时，公共空间质量差。	空间管理	徐伟伦、刘婷：《"圆梦环境服务队"圆了社区"美"梦》，《法治日报》2021年8月1日第3版。
	物业未经业主同意，擅自改变小区公共设施用途，如将绿地改为停车场。	空间使用方式	毛雪皎、张瑛、张唯：《从"别人家的物业"到"我家的物业"》，《宁夏日报》2022年1月22日第4版。
	小区未设置门禁，加之商业活动活跃，外来人员随意进出小区。小区业主担心存在安全隐患。	空间管理	孙天骄、陈磊：《换个物业为什么那么难》，《法治日报》2022年11月2日第4版。
	小区电动车停车空间不足，乱停乱放，占用公共通道，空间失序，物业管理困难。	空间规划	张期望：《电动自行车，何以为家》，《海南日报》2021年11月10日第A04版。

（三）共有物权矛盾形成的法律根源

共有物权矛盾的产生有一定的制度根源。一方面，权利边界模糊。共有部分作为业主集体所有，因其不可分割且非排他性而比专有部分的权利属性更为复杂。但从目前法律对于共有部分范围的认定来看，用列举的方式来说明建筑物共有部分的范畴，显然不可能包括全部的建筑物区分所有的共有范畴[1]。为了使共有部分更加明确，最高人民法院出台的《关于审理建筑物区分所有权纠纷案件具体应用法律若干问题的解

---

[1] 何云：《试论建筑物区分所有专有部分与共有部分的界定》，《内蒙古社会科学》2011年第3期。

释》中列举了共有部分的范围，包括基本结构部分、公共通行部分、结构部分等。虽然司法解释进行了明确，但在立法层面仍没有对共有部分以及共有设施设备进行明确的规定。与此同时，从现实经验来看，每个物业小区由于规划设计存在差异，所以共有部分也存在差异，在不能够完全涵盖共有部分所有范围的前提下，这便给开发商、物业公司占用尚未明确权属的共有部分提供了机会空间。开发商与物业公司对于小区整体布局的充分了解更为其侵占共有部分提供了可能。但对于业主来说，在与开发商、物业公司争夺共有部分的权属时，由于权利主张缺少了明确的法律依据，从而使其维护自身权利受到了约束。

另一方面，法律执行相对困难。《中华人民共和国民法典》和《物业管理条例》中明确规定，"业主在筹集和使用建筑物及其附属设施的维修资金和改建、重建建筑物及其附属设施时，应当经专有部分占建筑物总面积三分之二以上的业主且占总人数三分之二以上的业主同意"。虽然司法解释中已经明确规定了建筑物总面积和业主人数的算法，而且制度目标符合业主的利益，但现实生活中使用物业维修基金则变成了一件难事。除了双2/3的标准以外，还需要成立业委会，通过业委会来申请物业维修基金。这个标准的实现也着实困难。在访谈中，物业科的科长这样说道："我们有四十多个亿的维修资金，想用但是用不了。当然这个问题也与业委会、业主自治不强有关。"物业维修基金不仅是申请条件相对苛刻，即便业主同意，整个的申请流程同样困难重重。

> 物业维修基金申请了三年，钱下来了没人敢用啊。因为你要是用的话就得投标、应聘。动不动就投标，电梯一个标，建工一个标，有很多种标。每一个标都是要交行政费用的，基金没申请下来以前，你就得要先交一部分资金了。很多维修关乎业主安全，都是很急的，怎么能等三年呢。如果维修基金迟迟下不来，业主肯定会很着急的啊，肯定会有矛盾产生了。
>
> 所以啊，专项维修基金无法应对紧急情况，用好了好说，用不好矛盾就来了……未来十年，很多的小区都会面临设施设备的维修、

更换，牵涉到资金的使用，所带来的矛盾冲突可能会更多。尤其是物业维修基金用完之后，小区业主可能会抱怨前期不用交钱，后期怎么老是要交费呢。

从业委会主任和居委会主任的两段谈话中，不难发现，物业维修基金很难及时解决小区共有部分、公共设施出现的问题。与此同时，居委会主任还指出了在未来一段时间内可能因物业维修资金而引发的冲突。

总体来说，基于共有空间而产生的矛盾建立在业主具有产权身份的基础上，围绕共有空间的权限归属、利益分配和空间管理这几个方面。该类矛盾的产生有其自身的制度根源，即空间权利的法律边界仍需进一步明确，制度落地的操作性方案仍需完善。

二 私人空间的公共性界定难

公共功能理论认为，物业的属性是由其功能而非单纯由产权所决定。一旦私人物业发挥的功能与公有物业相似，其物业则自然从其功能上获得一定程度的公共属性。这时对私有财产权的保护则不能完全比照纯粹的私人物业，而需要考虑物业的公共性，其所有人的财产权也就相应地受到政府限制。现有研究通过隐喻、空间特质、列举法和多维度的评价体系来界定空间的公共性[①]。因此，如何在产权明确的基础上识别私人空间性依然需要具体情况具体分析。

使用建筑指标从物理属性层面来确定各方利益的分配成为限制财产权常见方式，以此来维护社会的公共秩序以及物业的真实属性与其名义属性的一致性。也即，当物业小区满足了住宅建筑所需要的所有指标后，该物业小区具有住宅功能的判断将得到社会的认可。例如，美国纽约市议会就将"私有公共空间"通过建筑指标的形式设立了私有公共空间

---

① Xuefan Zhang, Yanling He, "What Makes Public Space Public? The Chaos of Public Space Definitions and a New Epistemological Approach", *Administration & Society*, Vol. 52, No. 5, May 2020, pp. 753–756.

"面积不能小于2000平方英尺""至少50%空间需要可以无障碍通行"等建筑指标要求[1]。《佛山市城市规划管理技术规定》在界定"公共开放性骑楼"时，也是采用明确建筑指标定义私人物业中公共空间范围的方式，具体为"……骑楼净高不应小于3.6米，步行通道最窄处净宽不应小于2.4米，骑楼地面与人行道高差宜控制在10厘米以内；无人行道时应高出道路边界处10—20厘米，并应有防撞和安全措施……"

这些建筑指标背后所蕴含的逻辑是当私人物业满足此类指标后，虽然其产权并没有发生变化，但其社会属性就从私人的房产变为公共的开放空间。其所适用的管理规定，所有人所承担的权利与义务也就因为其物业的建筑指标发生改变。因此，公权将据此介入限制财产权从而使物业的名义属性与实质属性以及其所派生的权利与义务相一致。这是依据建筑指标判定财产权限制合法性的法理逻辑[2]。

与此同时，限制处分权同样也是明确私人空间公共性的重要判断方式。与限制物业的建筑指标不同，限制处分权的理论前提是视业主对特定物业空间的处分决定了其社会属性。比如，许多城市通过法规和规范性文件明确要求开发商兴建与商品房规模匹配的社区公共服务设施。《成都市物业管理条例》第十条规定"配置物业服务企业或其他管理人用房和业主委员会议事活动用房，其中业主委员会议事活动用房建筑面积不得少于30平方米"。《杭州市社区配套用房使用管理暂行办法》第七条规定"社区配套用房不得出租、转让或者抵押"。《阳江市市区房地产开发配套建设中小学校和社区公共用房的暂行规定》第二条就要求其辖区内进行房地产开发"必须按本规定和规划要求配套建设中小学校和社区公共用房"。

以产权为基础的私人空间同样可以超越私人属性而演变为共有空间。在调研中，研究者发现居民把自家的凳子搬至公共场所供邻居使用，这

---

[1] 张雪帆、何艳玲：《公权限制财产权的合法性辨析：兼论城市治理中的"公共利益"》，《南京社会科学》2019年第1期。
[2] 张雪帆、何艳玲：《公权限制财产权的合法性辨析：兼论城市治理中的"公共利益"》，《南京社会科学》2019年第1期。

让本来是私人物品的凳子拥有了公共物品的特性，即非排他性。在街道上，可以看到街坊邻居在此相谈甚欢，儿童在附近笑闹，甚至还有不属于这个社区的路人在此处歇脚。这种将自家搭建、使用的设施拿到公共空间中供附近所有居民使用的情况，也同样体现着空间精神。而这些则是建立在居民自发且自愿的基础上。因此，建立在私有产权基础上的空间公共性如何界定仍然需要诸多制度探索和尝试。

尽管共有物权的冲突建立在产权身份的基础上，但冲突的背后还存在公共空间无法有效回应居民需求、不同治理主体存在矛盾等问题。从这个意义上来说，围绕着共有物权的冲突已经超出产权身份本身，而是扩展到其他治理矛盾中，并成为多种治理矛盾的集合。由此，社区公共空间治理的三重矛盾在特定情境发生交叠，这既是空间治理难题的现实映照，也是需要回应的问题。

如何激活社区空间的活力、合理配置空间资源、为人民创造舒适的空间使用体验和促进空间的可持续运营等都成为面向未来的社区公共空间治理所需充分考虑的问题。当然，在不同场景下不同面向治理矛盾的出现需要体制机制的完善来予以回应。而体制机制的调整必然涉及治理理念的重构，从这个意义上来说，重新反思社区公共空间治理的理念和路径选择变得更为重要。而无论进行何种理念转变和策略调整，都需要坚持以人民为中心的立场。因为社区公共空间治理与生活在社区的每一个个体紧密关联，治理效果直接反映在居民的空间行为和空间体验中，并使他们形成关于社区空间的认知。因此，回归人民本位是从根本上消解社区公共空间治理矛盾的首要理念和方向指引。与此同时，从回归人民本位的治理理念走向回归人民本位的治理实践需要稳妥的制度安排、全面的政策设计和可行的路径选择予以实现。

| 第五章 |

回归人民本位：
社区公共空间治理的思路转变

实现社区公共空间的共建共治共享既需要在理论层面厘清社区公共空间的概念边界和理论脉络，也需要深入分析社区公共空间治理所面临的现实挑战与症结，更需要在实践层面找到消解社区公共空间治理矛盾的可能思路。在分析现有治理矛盾的基础上，本书从治理理念、思路调整和路径转换三个层面，提出了社区公共空间治理的可能转变。

第一节 理念转变：以人民为中心的治理

实现社区公共空间共建共治共享的核心是坚持以人民为中心的治理思路。以人民为中心的治理思路的实现则是以建构社区共同体为最终目标，以回应人民关切为核心内容，以制度活力为重要支撑，以多元主体协同为主要机制。

一 建构社区生活共同体：社区公共空间治理的最终目标

社区是具有一定地域边界的由一定人口构成的居民生活共同体。但社区不仅指向人群在空间的聚集，更指向其在国家、社会体系中的角色。国家体系中的社区是居民享受公共服务供给的基本单位，同时也是居民参与公共生活的主要入口，即涉及与居民利益相关的社区事务或者公共事务时，居民进行共同决策、自我管理和自我监督。社会体系中的社区则关乎居民的日常生活、社会交往与社会联结，并成为激发治理活力、提升治理效能的重要支撑。

更进一步来说，社区公共空间治理的最终目标与社区治理的最终目标一脉相承，都指向社区生活共同体的建构。社区生活共同体是居民基于共同的情感或社区认同而生活在社区中。社区生活共同体的形成一方面保障基层社会的良性运转以维持治理秩序的稳定；另一方面，社区生活共同体的形成能够增强个体对于社区治理的认同感和对社区的归属感，从而为个体实现美好生活提供可能。而社区生活共同体的建构直接指向居民自治实践。因此，发挥人民在空间治理中的主体作用显得尤为关键。

二 回应人民关切：社区公共空间治理的核心内容

以居民为中心的社区治理核心在于回应居民需求。社区的治理尺度决定了其特殊的治理优势，即在治理体系末端直接解决公共问题。如果说社区生活共同体强调居民的社区认同与自治，那么以居民为中心的社区公共空间治理则要关注居民在社区生活中的实际体验。这里的实际体验不仅要关注一般意义上的居民体验，同时还要关注不同人群的差异性。因为只有关注差异性才能够做到服务的精准匹配。居民体验则会间接影响居民对社区的归属感和认同感。

总体来说，以社区为单位来回应居民需求，可以增强社区凝聚力，构建"家"的认同。回应居民需求则是以居民为中心的社区公共空间治理的直接体现。从这个意义上来说，社区公共空间建设成为社区公共服务的重要内容，进而满足社区居民的日常生活需要。

三 多元主体协同：社区公共空间治理的重要构成

社区生活共同体的构建不仅仅局限于社区居民和政府，也要纳入社区的多元主体。社区群众组织、社区志愿者团队等都是社区生活共同体的重要组成部分。这些组织往往有着一定的组织能力和专业技能，同时具有奉献社会的热情。对于这些组织的良好引导，可以增强社区公共空间治理的能力，弥补社区公共空间中的专业化缺失。社区公共空间治理应在这个基础上，构建多元主体协同促进社区生活共同体的建设和发展，找到共同体最大利益，提高社区福祉。

多元主体协同还强调主体边界清晰，合理分工，发挥各主体优势。比如，充分尊重居民的主体地位，给予居民表达诉求的渠道和机会，留给居民自我管理、自主决定社区事务的空间和机会；让社区党组织全面开展社区党建工作，充分发挥党在社区公共空间治理中的引领作用，彰显治理的制度优势和效能；让基层政府及社区工作站提供优质的公共服务和公共设施；让社区居委会充分发挥引导居民自治的功能；让社区组织提供专业化的社区服务；让驻区单位充分开放其单位资源；让物业公司、业委会发挥社区治理的协助作用；鼓励社区企业在提供专业化服务的同时能够体现社会责任感，进而更好地参与到社区治理中。强调多元主体协同旨在通过发挥各主体优势来解决复杂治理情境中的棘手问题。

四 激发制度活力：社区公共空间治理的重要保障

社区生活共同体的形成意味着社区居民有共同认可的规则体系，并在持续交往中呈现与其自身相适应的社区文化和社区精神。只有在制度基础良好的情况下，社区居民才能够按照规定开展社区活动，实现社区有效治理。社区公共空间的产权属性和制度属性决定了面向社区公共空间的治理离不开法治思维和理念。当然，以居民为中心的需求回应与多元主体协同对政府（社区）熟练掌握并灵活运用法律法规、依法履职提出了更高要求。而无论是居民需求回应还是多元主体协同治理，都需要建立在行动主体角色清晰、行动规则明确的前提之上。在城市化进程高速发展的当下，社区人口流动性增强，商业更为繁荣，产权类型更加多样，行政执法进社区、依法行政成为实现社区公共空间秩序稳定的重要保障。这些在本质上都指向社区的制度建设，更为具体地来说，法治建设是社区治理的保障，是实现社区公共空间共建共治共享的制度基础。

对于居民来说，法律进社区的意义在于向居民传递与其家庭生活、社区参与、社区事务紧密相关的法律信息，以期让法律内化于心并体现在居民行动中。而居民守法则为社区秩序的稳定提供了可能。在社区公共空间治理过程中，居民的行为不仅具有个体意义，还会给他人造成影响。比如宠物伤人、广场舞噪声扰民等问题所引发的邻里矛盾，这些都不利于良好的社区氛围的形成。因此，如何引导居民遵守法律法规成为社区法治建设的重要工作。当然，我们不能忽视乡规民约、社区公约的重要作用，要鼓励居民自发制定并遵守公约，形成自下而上的约束力。基于此，我们更期待居民能够在现有的制度框架内，积极参与空间治理，发挥主体性作用，走向更美好的邻里生活。

总体来说，以人民为中心的政策制定，切实了解居民的需求，一切以人民利益为出发点的制度设计，都应当以建设社区生活共同体为重要目标导向。政策制定应在满足居民对空间的异质性、公共性以及可达性需求的基础上进行社区公共空间建设，完善社区公共空间的规则制度体系建设。基层政府应当始终坚持以人民为主体，增强居民对于社区的认同感和凝聚力，促进多元主体协作，建设社区生活共同体。而对于能够交给居民处理的事务尽量交给居民进行处理，帮助居民积累社区生活共同体的建设经验。当然，治理理念的转变还需要明确的治理思路予以落实，因此，调整社区公共空间的治理思路显得尤为必要。

第二节　思路调整：为人民而建的空间

在明确治理理念转变的基础上，治理思路的调整显得尤为重要。社区公共空间治理思路的调整需要围绕政策制定、需求回应和共识达成等诸多维度进行整合和优化，从而打造为人民而建设的空间。

一　以人民为中心的政策制定

社区公共空间共建共治共享的思路调整需要回应三个层面的问题，一是如何建设社区公共空间，二是谁来参与社区公共空间治理，三是社区公共空间治理成果由谁来分享。可能的政策思路有，一方面通过合理的空间设计来提升居民幸福感。合理的空间设计不是大拆大建，也不意味着大规模投资，而是提供能够满足居民日常休闲、交往需要的公共服务设施，提供更具美感、相对充足的空间来为居民交往提供可能。更为重要的是，社区既是国家治理的基本单元，同时也是风险防控的基本单位。充足的社区公共空间配置能够为突发事件提供应急空间。

另一方面，以有效的资源分配来共享社区发展成果。尽管空间资源有限，但仍可以在做好增量的基础上，发挥既有的存量资源优势。比如，有些社区内有驻区单位，可选择适当时间开放文体设施供社区居民使用。基层街道办事处内部的闲置房间也可以给予居民来开展文艺活动。与此同时，资源分配需要充分考虑到不同居民的异质性需求，针对不同职业、年龄段和身体状况的居民提供对应的服务。资源分配的有效性还在于能够保障有不同需求的居民在需要时就可以使用到，减少部分空间使用的门槛，提高空间资源分配的及时性，进而真正提升居民的获得感。

二 服务人民的需求回应

社区公共空间治理的本质是为了满足居民日常生活需要，即以服务人民实际需求为核心。回应居民需求是政府与居民双向、多回合、持续互动并实现精准服务供给的过程。具体来说，只有居民自己才最了解自己的需求。因此，及时准确地获取民意是有效回应居民需求的基础。

首先回应居民需求要做到信息对称，这需要不同层级政府的共同努力。市政府、区政府层面需要明确社区公共空间的划定标准和主要类别，并对社区公共空间分类予以政策性指导。以社区为基本单位，动员社区工作人员全面摸清社区各类空间的基本情况，如面积、类别。其次，回应居民需求还需要做到资源匹配。因此，厘清各类社区空间的实际缺口显得尤为必要。最后，服务人民的需求回应需要更加动态地、灵活地了解居民实际需要以调整空间的功能和使用方式。在现有空间布局无法完全修改的前提下，一些社区已经开始进行面向社区居民需求的空间微改造。基于此，对空间进行可及性改造，比如轮椅道路和盲道的设计，提高空间的可及性。

三 团结人民的共识达成

社区公共空间是个体进入公共生活并开展各类活动的物理载体。社区公共空间天然地将人民群众聚集起来。但由于城市社会结构的多样化以及熟人社区的弱化，人与空间的连接并不必然带来人与人的互动。人与人在社区空间的陌生与疏远在使得空间缺乏活力的同时，也无法充分发挥空间在增进交流、凝聚民心方面的积极作用。团结人民的重要性由此显现。

团结人民的共识达成意味着要从社区居民的实际诉求出发，对于空间的功能、使用和分配等方面达成共识，将服务做在前面，以消解不同主体之间的矛盾。问题在于，并不是所有的居民自治都能由居民自发形成，也需要外部力量的介入与引导。因此，需要充分发挥街道、社区两委、社区群众组织、社会工作者、驻区单位、人民群众等多元主体的专业性以及优势，共同推动空间的有效治理。以人民为主的共识达成同样需要发挥党建引领作用，将社区公共空间治理纳入基层党建工作中，发挥党组织的组织和动员优势，积极推进社区公共空间治理落到实处，为人民群众营造和谐且舒适的生活环境。基层政府可以通过空间的规划来增加居民在社区的互动，通过有效的服务供给来增强居民的归属感，通过精细的机制设计来推动居民的社区参与，以此来引导社区生活共同体的构建。总之，在团结一切可以团结的力量的基础上，实现社区治理共识的达成。

四 组织人民的制度设计

无论是居民需求的回应，还是社区共识的达成，社区公共空间治理都需要建立在行动边界和规则明确的基础上。法律法规、行政规章、乡规民约、居民公约等正式制度规范和非正式制度共同构成了治理的制度基础。因此，制度建设并非仅局限于正式制度的规范作用，同时也鼓励居民通过约定俗成的社区公约来解决社区问题。总体来说，社区公共空间的制度建设既需要多元主体各尽其责，又需要法律法规与乡规民约的良性对接。制度设计还需要公共决策机制的支撑。特别是居民对于空间规划的想象能够充分扩展制度设计的思路，将居民纳入公共决策机制中能够更好地动员居民参与到空间治理中。由于社区公共空间治理涉及多个不同的职能部门，因此各职能部门之间合作的制度基础也显得尤为重要。具体来说，就是需要明确职能部门的权责划分，加强部门间的横向配合，通过制度设计提升空间治理的行政效率。

第三节　路径转换：社区公共空间治理的策略选择

当然，社区公共空间共建共治共享的实现不仅需要理念的转变和思路的调整，更需要有具体路径设计予以支撑。本书在分析社区公共空间治理所面临的三重矛盾，并借鉴现有公共空间治理成熟案例的基础上，从规划与服务并重、建构社区治理共识和多元主体协同治理这三个方面提出解决社区公共空间治理矛盾的可能路径以期为现有的空间治理实践提供参考。

一　需求匹配：规划与服务并重

空间资源相对短缺且不能有效地回应居民的实际需要。从这个意义来说，空间不能仅被视为社区治理的背景或者居民行动的主要场景，而是具有实体意义的对象，应该在社区治理和行政管理中明确其重要性。

需求识别成为提高资源利用效率、实现社区公共空间有效治理的基础。这一工作建立在社区和居民都拥有准确且及时的信息基础之上，特别是在居民需求端，需要建立对应的机制帮助居民反映自身的空间需求，形成"反映—回复—讨论"的双向沟通机制。在分类识别社区类型、治理场景的前提下，形成社区公共空间治理的"需求—回应"台账。问题解决台账的建立不只是进行头痛医头、脚痛医脚的治理，而是在摸清空间资源情况的前提下，识别和归纳社区公共空间治理的难点和痛点，并积累问题解决的经验。具体来说，无论何种类型的城市社区，如果不对既有空间资源进行摸底，很难实现空间的有效利用。因此，盘点空间的存量、挖掘潜在的空间储备，并由此建立空间资源基础档案是解决空间资源紧张问题的重要前提。

具体来说，空间资源紧缺的主要原因在于空间资源与人口规模不匹配。因此，建立以人口规模为基础的空间规划成为必然。一些地方政府已经开始出台相关规定，要求新建物业小区需要根据小区户数来配套相应的共有空间以解决配套空间不足的问题。而空间规划布局则需要建立在对人口规模、居民需求和社区居民结构充分了解的基础上。基于此，街道社区层面需要建立社区居民结构动态数据库，对社区居民的教育程度、收入水平、职业、家庭规模、年龄、性别等基本信息有所掌握。由此才能够确定街区层面空间的规模和功能布局，从而制定空间规划。

需求回应则是在了解居民实际需求的基础上提供精准服务。社区公共空间及其相关设施供给是居民需求得以落实的具体体现，也是提升居民幸福感的具体实践。需求回应本质上是充分利用社区空间资源来满足居民的需求。主要的路径如下：第一，盘活现有的空间资源。在公共空间资源相对紧缺的社区，适当开放公共组织的公共空间供社区居民使用。比如，医院、学院以及驻区的事业单位大多为由中央或地方财政支持的公共组织，因此其空间仍具有公共性。这种公共性意味着其所占有的公共空间在不影响其正常工作的前提下，可以向居民进行开放使用。目前已经有城市政府要求新建商品房小区配套公共活动场地。这意味着以更加明确的标准规定来配套空间为解决现有问题提供了可能路径。第二，加大财政资源投入，重视硬件设施维护。特别是对于老旧小区和以城中村为主的社区来说，市政垃圾清理、街区道路交通改善、管网设施修复等既是群众意见较为集中的领域，同时也是治理难度较高的领域。即便如此，也应为社区居民提供更为健康、便利的生活环境。第三，推行社区微更新、微改造项目，以项目的形式及时解决居民最急切的需求。这种改造不仅针对街道空间同时还要配套硬件设施。微更新、微改造项目为发现地方性特色、完善社区空间配套提供了新的思路。

美好生活的实现不仅来自对居民需求的回应，同时还来自公共服务品质的提升。社区公共空间品质的提升意味着，一是要提升社区空间功能的多样性。如社区公园可以集休闲娱乐、运动健身、育儿等功能于一体。当然，很多城市已经提出打造15分钟便民生活圈概念，空间的有效连接与功能布局对于15分钟生活圈的打造起着重要作用。二是要关注特殊人群的实际需求，特别是孕妇、婴幼儿、老年人、残疾人等群体的需求。因此可通过育儿、助老、助残等配套设施来解决特殊人群对于社区公共空间的需要。三是提升空间设施的舒适度。比如，根据地域差异设置遮阴或者挡风遮雨等设施来提升空间的舒适感、选择材质和设计都更加合适的座椅来提高居民闲暇时的舒适度。四是重视空间美学设计。空间美学的应用既能够提升空间使用的美感，也能提高空间利用率，更能增加社区互动的机会，从而使得社区更有人气。比如，重视空间景观设计，提升社区绿化覆盖率，营造慢行、步行空间；通过绘画、色彩等多种方式增强空间的趣味性设计。这些举措都会在一定程度上提高居民的生活质量。五是创新空间运营方式，通过引入第三方机构来经营社区公共空间，以便更好地服务居民需求。

二 纠正偏差：建构社区治理共识

在社区公共空间治理中，基于治理过程的偏差通常是由于不同治理主体的需求差异、理解差异而引发的矛盾和冲突。治理共识的达成旨在消解不同治理主体之间的矛盾，最大限度地就空间分配、使用和维护等方面达成共识。社区治理共识的达成既要依靠有序的居民表达和讨论，还需要有效的决策、参与和协商机制。

具体来说，建构社区治理共识首先要畅通居民意见表达渠道。除了利用传统的开座谈会、走访调研等方式外，还可以创新居民意见表达方式。比如，充分利用技术优势扩宽居民参与渠道，提高居民参与能力。在现有的地方实践中，微信群成为居民议事的重要平台，能够超越空间限制，提高居民参与社区治理的积极性。其次，推动居民讨论议题精细化。与政府的公共政策出台不同，居民讨论的范围可以更加广泛，类型多样化，更贴近于居民日常生活。比如，一方面可以组织动员居民深入探讨社区空间的规划设计方案，了解居民对于社区公共空间以及相关服务的需求。另一方面，组织居民座谈，征集与公共空间营造相关的创意，以提升居民的归属感。再次，建立公共决策机制，要充分了解和尊重居民的意见，以提高空间治理的效率和居民的满意度。最后，丰富社区活动形式，在以活动提高空间利用率的同时，增进邻里之间的相互了解。比如，现有的党群服务中心已经成为为群众提供公共服务、增强居民相互了解的空间载体。

社区治理共识达成除了需要畅通表达、决策机制外，营造良好的公共文化氛围，加强价值引领，形成情感共鸣，以此潜移默化地建构社区治理共识。街区居民共有的文化记忆不仅能丰富居民的精神世界，还能催生公共精神，进而推动街区文化繁荣。就具体的机制来说，首先，借助社区公共空间增强社区文化宣传。比如，进行富有街区文化特色的立面设计。美化街区建筑物外立面，增加街区文化宣传栏和展板等媒介对于唤起居民对于社区文化的认同、彰显社区的文化内涵等都有重要作用。不难发现，有些社区的废旧厂房和设施经过空间改造成为网红打卡地，这些都体现着空间作为符号象征起到了增进社区文化认同的作用。其次，关注社区生态环境保护和历史遗产维护。特别是临江、临河、临水和临山等空间生态环境的维护，以及街区内历史建筑、历史遗迹的保护，可以有效延续城市的生态环境和历史文脉。此外，通过创意手绘文化墙等方式来展现社区的文化脉络和气息，同样体现着社区的艺术气质，并在空间意义上建构了社区认同、城市认同。最后，试行社区规划师制度，动员规划师参与空间设计，发挥其专业性的优势来提升空间品质。

三　问题解决：多元主体协同治理

社区公共空间的社会属性以及公共空间所承载的制度、观念和行动使得建构多元协同治理机制来解决空间冲突变得尤为重要。面向社区公共空间的问题解决具有一定的复杂性，其不仅涉及以政府职能为基础的权责分配和政府履职问题，还包含以契约为基础的市场行为，同时也包括了以邻里关系为基础的社区居民互动。因此，基于社区公共空间矛盾的解决离不开多元主体的参与。街区空间治理的过程实质是国家、市场和社会主体合作共治的治理联动过程。因此，党建引领下的多元主体协同治理机制必不可少。

首先，党建引领下的多元主体协同治理机制的核心在于以坚持党的领导为前提，将社区公共空间治理纳入党建工作中来，以党建促进各主体尽责履职。在党建工作中提升公共部门的积极性，调动党政军群等各个部门及时回应解决问题。在中国治理情境下，面向社区公共空间的管理涉及多个行政部门，比如，住建部门主要负责住房管理，民政部门主要负责社区管理，交通运输部门主要负责道路交通管理，其职能范围都会涵盖公共空间管理，党组织可以跨越部门职能起到协调作用，以调动各职能部门协同联动。与此同时，扩宽党建工作范围，在社区社会组织、业委会等社会团体开展党建工作。有些社区设立了街区业委会党建工作站，以党建促进业委会联合运作既能够保障业委会的运作不违背全体业主的利益，同时还能够凸显发挥党协调各方的优势。与此同时，社区治理难题的解决还需要吸收专家学者关于社区公共空间规划设计和机制创新等方面的意见，进而为公共空间建设提供参考。

其次，完善社区协商机制，为多元主体参与协商搭建平台。除了发挥政府职能外，还需要发动社区力量特别是社区义工、楼栋长、社会组织成员、社区党员等参与空间建设、维护邻里和谐氛围中来。充分动员群众组织如社区志愿者、社区社会组织、社会工作者参与到空间矛盾的调解、社区活动的策划以及空间治理问题的解决中来。对于社区停车难的问题，有些社区引导居民成立了车管会，通过居民之间的协商对话来解决。

再次，建立社区公共空间分类管理机制，进而有针对性地解决特定类型的社区空间问题。比如，成都市将城市中被忽视、缺乏规划引导、未能充分利用的剩余空间，分为桥下空间、街旁空间、地下空间、基础设施周边空间、屋顶空间、滨河空间、低效用地七大类。基于此，制定相应的空间利用方案和落实机制，以最大限度地利用现有的公共空间解决资源短缺、功能单一等空间治理难题。

最后，加强面向社区公共空间的法治建设和法律宣传。社区公共空间治理不能只依靠居民共识的达成，同时还需要法律制度的保障，以约束不同治理主体的行为，进而维持社区公共空间的有序运作。比如，借助人民调解、律师调解和法律援助等法律方式来为问题解决提供制度支撑。

总体来说，实现社区公共空间共建共治共享既涉及制度层面的妥善安排，也需要多元主体的有效配合，还包含治理资源的合理分配，更期待得到居民的认可和支持。

第六章
总结与讨论

本书以社区公共空间为研究对象，以城市社区为关键治理场景，扩展了我们理解社区公共空间的理论视角。社区公共空间类型之繁杂、应用场景之广泛使得只呈现单一空间类型或者单一治理场景都不足以体现社区公共空间的丰富性，也无法充分体现社区公共空间治理的多重张力，更不能直观感受到走向共建共治共享的社区公共空间治理的重要意义。本书呈现了社区公共空间的制度、观念与社会三大属性。当然，面向社区公共空间治理的分析不能只就空间属性而谈空间属性，更应回归到具体的治理情境和治理过程中予以考量。基于此，本书进一步讨论了资源配置与居民需求的不匹配、基于治理过程的偏差、产权身份与空间共享的不对等这三重治理矛盾及其在实践中的具体体现。对于社区公共空间治理的系统分析旨在为走向共建共治共享的社区公共空间治理未来提供理论支撑和路径支持。

第一节 迈向共建共治共享的社区公共空间治理未来

就社区公共空间治理来说，共建强调面向社区公共空间的政策设计、资源分配、管理体制、治理机制的协同配合。基于空间治理的社区事务的复杂性并不能只依靠单一职能部门或者单一层级政府来予以解决，而是需要纵向层级、横向部门的协作治理来进行。共治则强调不同治理主体共同参与社区公共空间的治理中，并就空间使用方式、权益分配、实际需要、公共事务解决等与社区公共空间治理相关事项达成共识，并予以落地。共享则强调社区公共空间治理成果由人民共同享有，社区公共空间治理效果以人民满意为根本出发点和落脚点。

一 共建：优化社区公共空间治理的体制机制设计

社区场景中的社区公共空间治理是一项系统性工作，从空间的规划选址、规模设定、功能选择、设施配套、与周边环境的连接、管理等都需要明确的制度规划。而每一个环节稍有偏差就会反映在居民日常生活行为偏差中。因此，优化社区公共空间治理体制机制的设计显得尤为重要。也即，通过正式制度的框架设计和机制运行来消解可能产生的空间治理矛盾。

（一）完善社区公共空间管理体制机制

就管理体制机制来说，社区公共空间既不是完全的私人领域，也不是只由政府管理的物理空间，而是既涉及公共事务又涉及个体日常生活的空间形态，同时还具有产权属性。之所以强调管理体制机制的优化，原因在于，社区公共空间更强调规则体系的搭建、公共权力的介入来维持空间秩序的稳定运行，这是其他尚未掌握公共权力的主体所无法代替的。一方面，社区公共空间为公共事务的解决提供了平台支撑；另一方面，面向社区公共空间的管理规则制定、空间行为规范、空间布局等也是社区公共事务的重要内容。这些都构成社区场景下社区公共空间管理的重要内容，应当被纳入相应的政策议程中。因此，社区公共空间并不是法外之地，发生在特定空间内会对其他居民产生实质性影响的活动都需要公共部门的介入以规范空间行为，进而维持空间的有序运转。除了规范空间秩序外，政府的服务导向则更加凸显，这既包括由政府主导规划布局并提供一定的公共空间和空间设施，还包括政府牵头推动资金、政策倾斜以支撑空间的建设与更新。

为了有效应对空间治理所面临的挑战，优化社区公共空间管理体制机制需要在权责分配、问题识别与回应、管理手段三个方面同步提升。就权责分配来说，应明确和强化政府职能部门在社区治理中的重要职责，梳理不同职能部门在空间管理中的职能，并形成权责清单。空间治理特别是涉及行政执法、空间权益分配等公共事务时，行政职能部门因其所拥有的管理权限使其必须进入空间管理工作中。但社区事务与一般部门工作不同的是，该类事务通常需要多部门共同参与才能够解决问题，因此，在形成权责清单的基础上建立多部门协同或者联合工作机制成为解决空间问题的重要工作方式创新。比如，针对各类商业活动比较集中或者治理问题比较突出再或者群众意见比较大的社区成立社区事务治理联合工作小组，可以集中处理空间管理难题。

特别是随着人民生活方式的日益丰富，社区公共空间被赋予更多的功能。除了一般意义上的社区商业实体外，以地摊经济为代表的流动性商业活动开始进入社区公共空间。地摊经济在广受社区居民欢迎的同时，摊位摆放位置、摆放时间、业务经营范围等需要不同政府职能部门予以指导和规范以保证居民日常生活的开展。城管、市场监管、工商、公安等一系列职能部门向重点空间的下沉已经成为必然。与此同时，探索空间管理的柔性执法方式，在允许和规范摊档、修补档等街头或者微型经营活动的同时，在现有法律法规许可的范围内，以教育说理而非激烈冲突的方式引导经营者，能够让社区公共空间在有热度的同时更有温度。

政府职能部门除了对空间内的市场活动和相关公共活动进行监督管理之外，特别是在解决居民自身以及居民之间所遇到的纠纷超越社区调解边界时，还需要将治理主体予以扩展。从这个意义上来说，参与社区公共空间治理的公共部门还需要适当拓展。有些社区已经开始积极推动法官、检察官、警官、律师进社区，帮助社区居民解疑答惑，协商找到解决问题的方案，尽最大可能将社会矛盾纠纷消解在社区中。当然，无论是基于社区公共事务的空间管理还是面向个体的空间纠纷，制度规则的建立同样重要，这为规范空间行为提供了稳定的支撑。特别是对于比如街区道路、社区公园或者广场等居民活动相对密集且管理成本较高的特定空间，更需要依靠规划设计和清晰的制度来引导居民行为，以便最大限度地减少空间秩序的混乱。因此，结合地方实际情况，出台空间治理的综合性制度规范显得尤为必要。

就问题解决来说，结合地方治理实际，以社区为基本单位，分析社区公共空间治理所面临的痛点、难点问题，由此制定短期、中期、长期的解决方案，记录问题解决的进展，为社区公共治理积累管理经验。社区事务繁杂且处于动态变化中，如不能有效地记录和总结解决社区公共空间治理问题的过程，对于后来的社区治理者来说，则需要再次摸索问题解决路径，这无疑降低了管理效率。

数字赋能创新空间管理手段。由于社区工作人员相对有限，特别是对于超大特大社区的空间管理来说，借助信息技术手段来提升管理效率成为空间治理可能的方向。一方面，在财政条件允许的前提下，将社区空间设施统一编码入网，借助社区公共监控等设备，及时掌握设施运行情况，根据人口的动态变化以及居民需求的变化来调整空间设施的配置，并适当扩展空间资源；另一方面，优化线上信息交互平台，通过微信群、公众号、政务APP等方式，在与人民群众保持及时联系、告知相关事务的同时，更好地动员和组织社区居民有序参与到线下空间治理过程中。更为重要的是，社区居民可以通过线上的方式贡献自己对于空间问题的解决方案或者对相关事务表达意见。这既是发现居民需求的重要方式，也是让更多的居民以更舒适的方式关心社区公共事务的媒介。

总体来说，完善社区公共空间管理体制机制的核心思路是明确政府及其相关政府和其他机关的职责范围，强化空间管理的规则制定，系统建立空间需求识别—问题回应机制，并借助数字技术手段提升空间管理效率。

（二）健全社区公共空间治理体制机制

当然，社区公共空间治理不能只强调政府职能，更重要的是通过体制机制的健全和完善来充分调动各类资源、创新治理机制来激发空间治理的活力。对于类型多样、资源紧张、分布相对分散或者居民异质性强的社区来说，社会力量积极性、主动性的发挥体现在健全社区公共空间治理的组织架构、运行机制和空间保障机制等方面。

健全社区治理的组织架构和运行机制是社区公共空间治理的组织基础，其本质是提升社区两委治理水平与治理能力。一方面，综合人口规模、管辖空间范围、治理难度等因素，科学充分地配置社区工作人员，做到人员招聘向年轻化、知识化、专业化倾斜和转变；另一方面，在坚持党建引领的前提下，明确政府、居委会、业委会、社会组织、相关企业等实体机构在空间治理中的角色和核心任务分工。基于此，应着力解决空间治理中的突出问题，基于重要管理事项形成专门的工作小组或者分中心，可以更精准地解决好空间治理的重大问题。基于此，建立纵向到底、横向到边的治理体制以支撑问题的解决。

与此同时，社区公共空间治理不只是关乎空间资源的配置，更重要的是空间运营，还要满足社区居民日益多样化的需求并且防范可能产生的空间治理矛盾。以社区工作人员治理能力的提升促进治理水平的提高成为关键，这主要包括政治能力、应急处突能力、政策落实能力和群众工作能力。治理能力的提升既来自日常工作经验的积累，同时也来自教育培训与交流培训。因此，以社区公共空间治理为契机，建立常态化的组织沟通学习机制变得尤为必要。组织沟通学习机制既包括由各类社区专家构成的社区治理专业知识教育培训，同时也包括实务工作者之间的经验交流。

完善空间运行保障机制是社区公共空间治理的重要保障。这意味着需要积极整合各类资源，多渠道拓宽空间治理的资金、空间资源和服务支撑。就资金来源而言，政府财政支持、企业和社会捐赠、居民付费正在成为空间治理重要的资金来源。特别是在老旧小区，由于居住时间较长，对小区共有空间及其设施进行维护成为必然。但由于该类小区业主在购房时物业维修基金制度尚未建立，解决其维修基金来源变得尤为重要。因此，需要探索建立由多方出资的维修基金以保障老旧小区共有空间的维护。

就空间资源来说，社区内各类设施、场所以及可能转化为共享空间的潜在空间都可以纳入空间治理规划中。也即，充分掌握社区空间资源的基本情况，明确哪些空间可以利用，哪些空间需要被改造，哪些空间可以被扩充。其中，市场化手段在保障空间有品质地运行的同时，依靠空间运营实现其自身价值的创造。特别是对于老旧小区聚集的传统社区来说，拓宽空间治理资源成为居民的主要诉求。在保障空间资源供给的基础上，有效的社区公共空间治理还需要解决空间运营方式的问题。因为空间资源紧缺和空间资源闲置的困境会在同一社区同时出现，因为人与空间的连接不能仅依靠单一主管职能部门的资源投入或者政策倡导，还需要充分激发社会力量的主动性，所以引入企业或者社会组织参与空间资源的运营就成为社区公共空间治理创新的具体体现。

就服务支撑来说，提供精细化的空间服务成为民心所向。在特定空间内，提供何种公共服务、如何提供公共服务则成为重点。提供何种公共服务本质上还是回应居民需要。从现有的治理经验来说，空间服务开始从基础性服务向发展性服务方向转变。其不再只是满足社区居民的基本需要，即通过简单的设施供给和场所设计来解决居民在社区休闲娱乐、日常交往等方面的基本需要。现在的空间服务则是向为居民提供生态环境适宜、设计合理、功能多样、活动丰富以满足人群的差异化需求转变。因此，以空间为基础的公共服务要充分兼顾不同社群、年龄段、家庭情况、职业背景等多重因素，既要考虑大多数居民的需求，同时也不能忽视少数人的需要。比如，有些社区已经开始探索为在社区内从事家政服务业、定点快递员等社区服务人员开放社区空间，使他们能够在工作之余有休息的场所。由此，精细化的空间服务是社区公共空间始终保持其吸引力的根本。

总体来说，以共建为导向的社区公共空间治理更强调以公共部门为主导的管理框架的搭建和以社会力量为支撑的治理体系的形成，在提升社区治理能力的同时不断优化空间服务，并为实现社区公共空间治理的共治共享做好制度铺垫。

二 共治：搭建多元主体参与的协同治理网络

实现社区公共空间共治的核心在于搭建多元主体参与的协同治理网络，以调动一切积极因素提升社区治理效能。多元主体参与的协同治理网络的搭建需要解决以党建为引领搭建哪些治理网络和如何搭建治理网络的问题。

（一）协同治理网络的形成

面向社区公共空间的治理网络搭建是在坚持党的领导下，以各类空间为治理场景，以具体事务为抓手，最大限度地动员和组织各类主体参与治理过程，并通过不同主体间合作达到高效有序的治理效果。

社区公共空间协同治理网络的形成要充分动员社区居民，挖掘和培育居民骨干、热心人士、社区能人，吸引他们参与空间治理过程。一方面，充分动员和吸收关心社区发展和公共事务且有精力参与社区治理的社区居民。因为从空间的规划设计到运营维护再到空间矛盾的解决都需要相关人员的支持。另一方面，以兴趣和专业为切入点，吸纳有专业特长的社区能人参与到空间的规划、设计、运营和活动策划中。比如，动员有规划设计背景的居民参与空间的设计工作，由 IT 工程师帮助居民解决相关的网络问题。也即，以群众联结群众，最大限度地运用人民群众的智慧来寻求治理难题的解决。当然，面向公共事务的治理具有一定的专业性。因此，从居民骨干、热心人士中培育和培训社区带头人，通过对社区带头人进行教育培训，提升其管理水平，更好地调动和分配社区资源、以恰当的方式开展群众工作，取得社区居民的信任。

社区公共空间治理的复杂性在于，其是多种社会关系在空间内的投射。因此，在吸引社区居民参与空间治理的同时，更要注重处理好各种社会关系。比如本地人口和外来人口、社区与居民、社会组织与居民、企业与居民、企业与社区，等等。这些相互关联的社会关系既是空间治理的主要对象，也是塑造以熟人社会为特征的邻里关系的纽带，同时也降低了社区居民线下社交的门槛。在现实的治理经验中，面向城市社区的空间特别是城中村的治理，其治理特征在于人口异质性强，因有外来人口聚集，社区公共空间治理并不只是改善居民生活环境，更重要的是以空间为载体为陌生人在社区提供可交往的地点，同时形成由不同参与主体构成的互动网络，在做好管理和服务的同时，增强外来人口对于社区的归属感和认同感。这既包括政府职能部门的工作人员，也包括外来人口的代表、社区党员、热心人士、社区工作者、志愿者等。基于此，面向社区公共空间协同治理网络的搭建旨在消解因职业背景、生活经历、思想观念等差异化因素而形成的不同社群之间的误解或者矛盾，进而形成和谐融洽的社会关系。

社区协同治理网络的构建要充分发挥社区公共空间治理的双重功能。一是作为空间载体的社区公共空间，其为多元主体参与协同治理提供了重要平台支撑。因为重要的社区事务的处理或者生动活泼的社区活动的开展都离不开空间支持。二是社区公共空间治理作为社区事务的重要内容，其中关于社区公共空间的规划设计、功能安排、管理方式、使用方式、利益相关者等都可能成为社区协商的重要议题，需要社区协同治理网络统筹予以解决。

总之，搭建社区协同治理网络的本质是识别和回应不断变化的各种居民需要，并且在多重社会关系叠加下的社区公共空间治理过程中解决空间矛盾。从这个意义上来说，协同治理网络的搭建也是为了发现社区公共空间的治理矛盾，同时也是分析矛盾、解决矛盾的过程。

（二）协同治理网络的运行

搭建协同治理网络的重要意义在于，让治理网络有机地运转起来。特别是对于社区公共空间治理来说，单一向度的行政手段和完全以行政为中心的治理结构都无法有效应对治理过程中的个体化、多样化的需求以及琐碎但重要的治理矛盾的解决。因此，良性运行的协同治理网络旨在就社区公共空间治理达成共识，并为解决现实问题，提供高品质、多元化的社区服务创造更多可能性。

首先，协同治理网络为社区居民提供进行自我表达、自我管理和自我服务的平台。社区居民就空间的生产、分配、使用方式、制度安排、使用体验等方面表达自己的感受和理解。这种互动交流既包括居民之间的观点分享，帮助居民相互了解的同时也包括居民向政府、社会组织、相关企业等其他治理主体表达自身的需求和与空间治理相关事务的态度。由此，畅通社区居民的意见表达渠道、探索多种途径的意见表达和集体讨论是搭建协同治理网络的重要动力。目前，以议事会、征求意见会等各种形式吸引居民参与到空间管理以及规则制定中成为协同治理网络有效运行的体现。此外，探索基层分层议事的有效机制，引导居民自我管理和自我服务也在积极探索中。

其次，协同治理网络的运行需要通过创新空间运营方式来发挥其优势。就空间运营而言，协同治理网络作用的发挥体现在运营主体选择，空间（地点）确定，服务对象画像描绘，运营内容策划，落地方案的制定、执行、评估与反馈的整个过程中。这一系列运营过程的实现需要与掌握权力、资源、专业知识和技能以及关注社区发展的治理主体的合作与配合。

就优化空间运营方式来说，可以邀请符合条件的企业（投资者）、社会组织、规划师、居民兴趣团体、志愿者等社会主体参与空间的管理运营，借助各类项目如公益项目、创投项目、购买服务项目来支持具体的空间资源配置或者空间活动的开展成为新的空间运营方式。在此过程中，以社会组织为代表的社会力量成为空间运营主体，社区居委会以及街道政府负责资金支持、日常管理与监督、事项协调等统筹监督工作。与此同时，青年群体正在成为深度参与空间治理的新主体，并积极推动空间运营创新，他们有的是社区规划师，有的是社区工作者，有的是社区研究者，还有的是社会组织负责人，青年人的加入为创新空间运营模式注入了新的活力。

其中，重视场景营造已经成为社区公共空间治理创新的重要体现。场景营造的意图在于在空间资源相对有限的前提下，通过强化合理的空间功能设计、有趣的社区活动、舒适的景观布置、有序的空间运维等方式来改善空间环境并吸引居民驻足、停留和使用。比如，社区绿道的出现不仅为居民提供散步、交流的场所，同时还为居民的日常生活提供了更便捷的通道。空间景观布置不再只是既定的市政园林配套，而是有了更多的可互动空间。有些社区通过有趣的活动设计使得居民参与其中，即让居民亲身参与，更好地理解生活场景的更新改造过程，扩展居民社区活动的空间，提升居民的幸福感。

在场景营造过程中，发挥专业团体优势为空间形态创造更多可能性。

比如，邀请居民兴趣团体成员加入，以各类文体活动为主要抓手，动员有专业技能的社区居民参与到社区公共空间治理过程中。尽管生活在社区的居民与其工作场所分离，但是其所拥有的技能却能够为丰富社区活动创造更多可能。有些居民是舞蹈家，其通过舞蹈课、传授舞蹈知识等方式引导居民走进舞蹈的世界。

最后，协同治理网络运行的重要性在于积极推进15分钟便民生活圈的落地。除了关注特定社区空间的运营以外，在社区层面，协同治理网络的有效运行还在于打造和激活社区综合生活体的同时，加强社区开放空间与周边教育、医疗、文化、消费等公共设施的连接。一方面，功能复合型的街区在激发社区经济活力、满足居民必要生活需求的同时，也为街道安全提供了保障。便利店、咖啡店、小吃店、水果店等商铺与居住区的混合是街区始终保持人流不断的根本原因，这也为促进居民之间的交往提供了自然的场景。除了满足居民必要的生活需要外，将符合条件的空间改造成为有着休闲娱乐并兼具文化创意功能的空间成为社区公共空间治理新趋势。新的空间形态的出现意味着新的治理主体进入空间中，并为空间带来更为新颖和丰富的功能和体验。

另一方面，街区之间的连接与可达使得居民更容易到达周边的生活设施。更进一步来说，这同样需要街区层面完善的交通系统的支持。便民生活圈的落地不仅需要齐全的服务设施配套，更重要的是，通过街区道路、交通路网、公共交通站点的设计来将功能丰富的空间形态和服务设施连接起来。最直接的体现为，居民走入街区时，有多种交通方式可支持其到达附近的公共设施。

实现社区公共空间共治的核心在于调动和激活协同治理网络。协同治理网络的搭建和运行贯穿空间从规划布局到落地运行的整个过程，在资源链接、议事协商、空间改造、激发商业活力等方面作用突出。而借助治理主体的专业性和能动性进行的公共改造往往会产生意想不到的好效果。

三 共享：打造人民满意的空间

发展成果由人民共享是社区公共空间治理的本质要求，打造人民满意的空间是实现共享的关键。人民满意的空间一方面来自空间设施配套和服务供给的优化升级，人性化的空间体验居民可以直接感知。人性化的空间体验主要是从居民的日常生活规律出发，以居民的实际需求为导向，在确保实现空间公平的同时让居民拥有更舒适宜居的空间体验。另一方面，优化社区公共空间问题解决的思路。社区类型的多样性以及人群构成的复杂性使得社区场景下社区公共空间治理面临着需求多元化的挑战，同时也叠加多重治理矛盾。具体来说，就空间类型而言，既有由建成多年且配套成熟的老旧小区构成的社区开放空间，也有新建成的街区或物业小区的共有空间，还有商业活动集聚、人口规模巨大的社区，更有以城中村为代表的外来人口聚集的社区。因此，社区公共空间需要分类治之，并优化解决空间问题的思路。

（一）以空间设施配套统筹社区服务供给

让人民满意的空间意味着充分考虑社区居民的实际需要，从居民的视角出发，以空间设施配套来统筹社区服务供给。这里的空间设施既包括物理空间和各类硬件服务设施的供给，同时还包括各类治理资源和活动在特定空间的呈现。

居民实际需要的多样性和动态变化使得以空间设施配套统筹社区服务供给需要增强空间功能的综合性。特别是在社区尺度层面，盘活既有的空间资源、重组未被充分利用的资源、扩展潜在的空间资源为建设综合性社区空间提供基础。这也使得空间微改造和合理的空间布局规划变得尤为重要。育儿、养老、教育、休闲、娱乐、议事等多种功能配置使得特定空间成为居民日常生活的延伸和公共生活的阵地。比如，一些社区对社区服务中心进行微改造后，设置了休息座椅、儿童活动区，还提供了公共书架、共享轮椅等具有公共功能的设施。

由此，空间功能综合性的增强旨在兼顾差异化人群需要的同时，关注特定重点人群的需要。其中，面向老人和儿童的空间设计已经将以家庭为单位的社区居民吸引到社区活动中来。特别是对老龄化水平相对较高的社区来说，适老化的设施设计和配套成为必然。儿童友好舒适的空间对于核心家庭来说同样具有吸引力。空间综合性功能的发挥需要创新服务供给方式，通过众包、发包等多种途径链接各类资源，发挥线上线下资源的双重优势以支持空间设施的运营和发展。由此，空间设施的配套以及公共服务的供给并不只是为个体或者家庭提供一个可活动的场所。更重要的是，在极具个体化的日常生活中为居民提供与他人产生关联的机会。空间层面细节性的改变比如对闲置的小公园进行美化和修缮都可以将差异化的人群团结起来。基于此，个体之间、群体之间在共同空间内可以交流经验、进行日常知识分享、在互帮互助中建立信任，从而进一步将空间社交功能和生活功能紧密结合起来。

社区公共空间回归生活的重要方式在于，重新激活空间内的微商业活动，赋予社区空间以服务居民日常生活需要的商业空间，比如修补档、小吃铺、便利店等。特别是外围城区的新建住宅小区，在规划范围内的社区公共空间布局微型商业空间是为居民提供更便利生活的重要前提。在社区开放空间内允许这些商业活动并不会占用大量的空间资源，但却能够增进邻里关系。由此，社区商业实体的价值不在于其对经济发展的直接贡献，而是其对于居民日常生活的回应，并通过商业互动来建立社区关系的纽带。

让人民共享空间治理成果并不只是指向发挥社区自身的空间优势，还在于多元主体借助各种机会充分扩展和整合其他资源，将优质资源特别是科教资源、艺术资源引入社区公共空间中成为共享的应有之义。具体来说，一些社区因其地缘优势而扩展治理资源。比如，社区周边各类大学集聚，社区层面积极开展与高校的合作，推动高校优质资源进社区，通过开设各类课程，举办各种科教类主题活动，在为社区青少年儿童提供更广阔的科普空间的同时，也可以缓解家庭的教育压力。特别是在暑期，规划得当、活动丰富的空间成为吸引不同年龄段孩子聚集的重要场所。有些社区则是企业、事业单位或者公共部门的驻地，在不影响正常工作的情况下，也可实现社区与驻区单位的资源链接，如开展义诊、电器维修、普法教育等活动，为居民提供切实可得的公共服务。

自然景观、历史文化、生活场景的艺术化表达同样成为塑造社区公共空间特殊性并能吸引人们前往的重要因素。特别是在全体国民素质有了整体性提升后，追求空间的美的体验也是居民的重要需求。而特定空间则为我们充分利用自然景观优势、呈现丰富多样的艺术形态、向居民传递日常审美提供了天然的媒介。空间视觉层面的改变在使得居民感觉耳目一新的同时，更在潜移默化中影响着居民的公共审美，为空间增添了有趣的印记。因此，通过景观设计、基于场景特征而美化空间外观甚至包括设计空间的专属标识等方式都可成为提升空间视觉审美体验的尝试。戴维·哈维在《社会正义与城市》一书中，专门提及梅尔文·韦伯对于规划师重视社会进程的提醒，"通过在地图上简单画线就得出秩序的某种根深蒂固的教条，真正隐藏在很复杂的社会组织中的秩序反而被教条掩盖了"。换句话来说，空间规划设计要充分考虑到以人为中心的社会过程。

（二）优化社区公共空间问题解决的思路

优化社区公共空间问题解决的思路意味着以人民的视角理解人民。首先，以人民的立场重新定义问题的本质。这需要在充分分析居民空间行为偏差的基础上把握社区居民的实际需要。其次，以人民的迫切需要来明确空间治理的中心任务。积极破解社区公共空间治理的痛点和难点成为关键。最后，以符合人民期待的方式实现空间的有效治理。比如，尽管都是私人占用空间的问题，但一些社区的老人因有聊天需要才将旧家具搬至楼道以供日常交流使用。这意味着私人占用公共空间并非只是因为居民出于为己谋私的考虑，而是在于现有的空间功能未能有效地满足其需要，其通过可利用的资源来塑造理想空间。基于此，在经验世界中，社区关注到居民这一实际需要，配置风格统一的新桌椅，既能够满足居民日常交流的需要，同时能够优化空间使用方式、美化空间形态，避免一定的安全隐患。因此，以居民的立场重新理解居民行为则为优化空间功能提供了新思路。

尽管社区公共空间的物理属性决定了其不可流动性，但其政策、社会和观念的三重属性使其处于动态变化和调整中。因此，保持治理的弹性和韧性对于社区公共空间治理来说同样重要。一方面，政策调整同样会影响居民对于空间的使用需求和方式。因此，空间治理需要与政策调整保持同步，适应政策需要。特别是在"双减"政策实施之后，社区开始尝试解决双职工家庭的儿童看护问题。比如，儿童托育、24小时自习室等符合家庭和社区青年需要的新的空间形态正在形成。另一方面，不同人群对于空间使用的时间、地点、所需要的服务、所开展的活动均有所不同。因此，空间的场景设计需要根据不同时间段的人群需要动态调整其使用功能。比如，通过功能分区或者制定活动时间表，对空间布置进行简单微调，可以为社区居民来到空间提供契机，促成不同职业、年龄和文化背景的社区居民之间的互动和交往。

优化社区公共空间问题解决的思路是不断发现矛盾、分析矛盾并解决矛盾的过程。因此，空间矛盾治理的常态化应成为一种治理共识。在解决既有社区公共治理矛盾之外，按照需求调研、服务设计、意见征求、方案落地、使用反馈闭环式的空间治理为消解可能产生的治理矛盾提供了可操作化的步骤。特别是对于超大社区公共空间矛盾治理来说，持续解决治理矛盾的过程也是不断优化政策设计、改善空间服务、提升空间品质的过程。

社区公共空间是个体参与公共生活的基本单位，更是实现居民空间权利的重要场所。社区公共空间赋予鲜活的个体以社会属性，居民的主体性、创造性和能动性在邻里互动、活动参与、共同决策中得以充分彰显。也正因如此，社区公共空间不再只是有着固定边界、功能布局和配套设施的空间形态，而是关乎个体的生活轨迹、内心体验和公共情怀的空间。当然，社区公共空间治理效能的提升需要更长时间的持续努力，回归人民本位的空间治理始终在动态调整和不断完善中。当然，在理顺社区公共空间共建共治共享核心内涵和治理思路的基础上，明确具体应用场景中社区公共空间治理策略的选择则显得尤为必要。因此，本书进一步细化提出实现社区公共空间共建共治共享的治理选择。

第二节 实现社区公共空间共建共治共享的治理选择

实现社区公共空间共建共治共享需要回应如何通过人与空间的联系

来实现不同社群良性互动这一根本问题。社区公共空间的特殊性在于其植根于居民的日常生活，吃什么、玩什么、做什么、如何育儿、如何养老等具体且琐碎的问题背后是个体真实的生活过程，社区公共空间则为这些生活过程的实现提供了小尺度的空间支撑，并承载着人们对于邻里生活的想象。人人均可达且皆可使用、功能复合、具有商业活力、公私分明、权属明晰、美丽宜居等都是让人民满意的社区公共空间所应具有的特质。其背后所体现的开放、包容、平等、共享、互助、和谐的空间精神不仅是一种理念，更重要的是内化于空间的规划设计、管理服务和社会互动过程中，并塑造着人们的空间行为。从这个意义上来说，社区公共空间是公共精神培育的载体，更是公共精神的创造、呈现和延续。与此同时，社区公共空间更承载着历史文化的印记，并留下属于地方的集体记忆和文化传承。

一 消解社区公共空间治理张力的对策建议

本书结合社区公共空间治理的实际情况，在前文的理论搭建和实证分析的基础上，提供可供选择的、与治理问题相匹配的对策建议（详见表6-1）。以共建共治共享为轴心的社区公共空间治理本质上依然是以人民为中心的空间治理路径的探索。其旨在消解正式制度文本与居民实际行动、产权身份与居民行为、治理过程中不同治理主体之间的张力，并从体制机制设计、多元协同治理网络搭建和实现人民满意的空间体验来实现社区公共空间治理的共建共治共享。

具体来说，本书将空间资源配置与居民需求不匹配、基于治理过程的偏差、产权身份与空间共有的不对等这三大治理矛盾划分为不同的问题面向，同时将具体的问题形态和可能发生矛盾的主要场景予以呈现。本书主要是根据现有的治理经验、空间治理所面临的各类典型问题以及本书所倡导的治理理念和思路，为实现社区公共空间共建共治共享提供参考性的建议。

第六章 总结与讨论

表6-1 消解社区公共空间治理张力的对策建议

三重矛盾	集中体现	具体问题	出现场景	对策建议
空间资源配置与居民需求的不匹配	空间面临资源约束	空间超出自身承载力。	高人口密度的城中村、中心城区的老旧小区	1. 建立社区空间资源清单，充分发掘、利用现有的空间资源。 2. 邀请社区规划师，以合理的空间规划丰富空间类型和功能。 3. 布局社区应急储备空间。
		资金短缺。	空间服务设施、老旧小区、城中村	1. 划拨财政资金用于空间的营造与维护。 2. 吸收社会资金参与到空间运营中，扩展空间收益来源。 3. 鼓励居民自发筹款支持社区公共空间的运营与维护。
		空间与周边空间缺乏联动，空间设计难以满足未来需求。	街区道路、社区公园、城市广场、共享单车等准公共物品的放置区、超大规模社区	1. 形成规划一设计整体推进机制，在落实规划的同时注重空间设计。 2. 制定空间治理信息共享机制。 3. 建立社区空间动态调整和供给机制。
	空间无法满足居民需要	空间功能异化。	社区公园、社区广场、社区商业体、社区公共活动空间	1. 分析现有社区空间的主要功能之间存在的矛盾和冲突，通过居民协调或者管理的方式规范空间使用方式，提高空间使用效率。 2. 在空间资源有限的情况下，借助信息化手段，动态监测社区空间的使用情况，及时调整社区空间的用途。

续表

三重矛盾	集中体现	具体问题	出现场景	对策建议
空间资源配置与居民需求的不匹配	空间无法满足居民需要	空间配置与居民实际需要存在偏差。	功能性公共空间、城中村、老旧小区、社区公园、外围城区物业小区	1. 社区层面需要建立社区居民结构动态数据库，对社区居民的教育程度、收入水平、职业、家庭规模、年龄、性别等基本信息有所掌握，厘清现有空间设施的主要献口、地点分布、配套规模和设施类型。 2. 优化空间设施配套布局，分人群、分场景提供公共空间设施供给。 3. 根据人口规模酌情增加空间设施供给，如在人流密集的城市广场增加休闲座椅等。 4. 资源分配需要充分考虑到不同居民的异质性需求，针对不同职业、年龄和身体状况的居民提供对应的服务。
	空间品质有待提升（如环境脏乱差、基础设施老化）。		公园、绿地、道路、社区内的开放性空间、公共空间设施	1. 引入社会力量扩宽空间运营的资金来源。 2. 建立提升空间品质的标准规范。 3. 实施空间场景营造，进行微设计、微改造。 4. 空间设施配套、空间功能布局应兼顾不同年龄段、不同兴趣爱好等各类社会群体的需要。
基于治理过程中的偏差	空间规则难以有效调适居民行为	居民行为失范（如乱停车、不遵守交通规则、占用共有空间），空间规则失效。	街区道路、功能性公共空间、物业小区共有空间	1. 加强宣传引导，增强居民的规则意识。 2. 完善基于空间的制度体系建设，以符合居民日常生活方式的规则创设规范居民空间行为。 3. 健全信息沟通机制，就最新的空间使用规范和倡议向社区居民及时通报，以便居民更好地理解政策意图。

第六章　总结与讨论

续表

三重矛盾	集中体现	具体问题	出现场景	对策建议
	空间规则难以有效调适居民行为	空间违规行为治理难。	社区开放空间、住宅建筑外立面	1. 建立空间问题发现一情况反馈机制，分析和理解居民违规行为产生的真实原因。 2. 以问题解决为导向，纠正居民的行为偏差。 3. 针对矛盾频发的空间，制定空间使用规范。
		空间规则适用范围有限。	老旧小区	1. 及时调整、补充现有的空间规则，以扩展空间规则的适用范围。 2. 畅通信息收集渠道，完善信息收集制度。特别是空间规则适用范围调查，要开展线上（如微信群、网络问卷调查）线下同步交流，充分了解不同主体的意见。
基于治理过程的偏差	不同治理主体之间的矛盾呈现多样态，治理矛盾场景化	居民之间对于公共空间的使用方式产生矛盾（如乱停车、广场舞噪声问题）。	社区公园、社区广场、街区道路	1. 坚持党建引领空间治理问题的解决，发挥党协调各方的优势。 2. 建立空间治理协调机制。 3. 搭建社区空间协商平台，促进居民就公共空间使用方式达成共识，并推动空间使用的规范化。 4. 建立社区空间问题解决台账，记录问题解决经验，及时追踪、积累问题解决经验。 5. 提升社区空间功能的多样性。如在社区公园，配置集休闲娱乐、运动健身、育儿等功能于一体的公共服务设施。
		居民之间就公共空间安全问题产生矛盾。	物业小区、功能性公共空间	1. 加强社区安全教育，明确居民权利与义务。 2. 畅通居民意见表达渠道和交流渠道，以协商的方式表达意见，解决居民之间的矛盾。

续表

三重矛盾	集中体现	具体问题	出现场景	对策建议
基于治理过程的偏差	不同治理主体之间的矛盾呈现多样态、治理矛盾场景化	居民之间的隐私保护问题，比如安装摄像头等。	物业小区	1. 完善社区协商机制，通过议事会、协调会等多种方式将相关利益主体的矛盾进行化解。 2. 自下而上积极推动社区公共空间隐私保护的规范制定。
		居民之间的利益分配问题，比如安装电梯等。	老旧小区、单位大院、物业小区	1. 建立社区重大事项公开制度，特别是涉及空间利益分配的事项。 2. 建立共有空间利益分配机制，对物业小区共有空间的使用方式、利益分配相关问题进行明确并达成共识。 3. 建立由政府职能部门牵头、相关利益主体参与的社区空间监督管理机制。
		商户商业活动挤占社区开放空间，商业活动扰民。	社区商业体、街边商店	1. 明确社区空间管理的行政权责清单，及时纠正空间失范行为。 2. 以柔性执法为主，纠正不当行为。 3. 对于拒不整改或者逾期不改的商铺适当惩罚。
		居民擅自改变空间用途，侵占公共空间。	老旧小区、物业小区、功能性公共空间	1. 通过劝说教育等方式引导居民纠正其行为偏差。 2. 了解居民需求，建立分类管理机制，进而有针对性地解决特定类型的空间问题。 3. 积极推进社区管理公约或者相关正式制度的建立。
		空间设施未能满足不同群体的需要。	老旧小区	1. 充分了解社区特殊群体的构成，规模和实际需求。 2. 通过育儿、助老、助残等配套设施来解决特殊人群对于公共空间的需要。

第六章 总结与讨论

续表

三重矛盾	集中体现	具体问题	出现场景	对策建议
基于治理过程的偏差	不同治理主体之间的矛盾呈现多样态，治理合理矛盾场景化	公共空间规划不合理，用地紧缺，导致供需矛盾。	老旧小区、功能性公共空间（如街区道路）	1. 盘活现有的公共空间资源，挖掘潜在的空间资源。 2. 试行社区规划师制度，发挥其专业性的优势来提升空间品质。
		空间设施选址不符合居民的使用习惯而导致使用频率较低。	老旧小区、社区公园	1. 建立公共决策机制，对重要社区公共空间选址征求居民意见。 2. 反时调整公共空间功能，提升空间使用效率。
		社区自然景观碎片化，缺乏对于历史文化的挖掘，影响居民的体验感。	社区景观（如滨水空间等）	1. 重视社区生态环境保护和历史遗产维护，通过具有美感的景观设计给居民以好的空间体验。 2. 充分利用社区自然景观优势，扩宽公共空间的资源禀赋。 3. 吸引社区自然景观相关专业背景的居民参与到社区的规划设计中，以此充分回应社区居民对于自然景观的期待。
		街区道路设计不合理，可达性差，交通秩序相对混乱，给居民出行带来不便。	街区道路	1. 强化可达、有序的街区道路规划设计思路。 2. 优化街区道路与各类公共服务设施的连通性，特别是街区之间的连通性。 3. 重视街区道路的功能分类，街区道路应保障机动车行驶的同时，应充分考虑居民步行、非机动车出行的实际需要。

续表

三重矛盾	集中体现	具体问题	出现场景	对策建议
基于治理过程的偏差	不同治理主体之间的矛盾呈现多样态，治理矛盾场景化	公共空间设计与公众审美接受不匹配。特别是特色街区设计风格千篇一律，公共设施设计不合理，影响使用体验。	功能性公共空间	1. 邀请符合条件的企业（投资者）、社会组织、规划师、居民兴趣团体、志愿者等社会参与公共空间的管理运营，借助各类项目如公益项目、创投项目、购买服务项目来支持具体内容的开展。 2. 建立公共空间分类配置管理机制，根据空间类型和使用人群进行空间设计。 3. 优化空间设计机制，探索居民灵活参与空间规划与设计的机会、路径，通过各类活动给予社区居民参与空间设计的机会。 4. 结合地方文化特征和历史底蕴进行街区设计，提升空间美感。
产权身份与空间共有的不对等	基于共有物权的冲突	人防车位、地面车位等空间的共有产权归属不清晰。	物业小区	1. 利用社区协商平台，推动利益相关者就共有物权的权属达成一致。 2. 建立社区矛盾纠纷调解机制，解决各类社区公共空间治理矛盾。
		物业公司订立"霸王条款"，物业服务质量无法令业主满意。	物业小区	1. 健全业主权益维护制度，完善业主权益保护机制。 2. 畅通居民诉求表达渠道。 3. 通过线上线下各种协商沟通方式，促成问题的解决。
		存在违规侵占改造公共空间以谋取利益的现象。	物业小区	1. 建立公共空间利益分配机制，相关利益主体参与公共空间的使用方式、利益分配相关问题进行明确表达成共识。 2. 建立政府职能部门牵头，相关利益主体参与的公共空间监督管理机制。
		开发商侵占小区公共空间。	物业小区	1. 畅通业主意见表达机制。 2. 健全业主权益维护制度，完善业主权益保护机制。

二 社区公共空间治理的经验借鉴

在结合政策文本分析、实地访谈调研等多种研究方法的基础上，本书收集了全国层面42个社区公共空间治理创新的典型案例（详见附录）进一步扩宽社区公共空间治理的路径选择。一方面，本书从空间管理、空间服务与互动、空间设施和空间规划与设计这四大重要维度来总结提炼社区公共空间治理创新的动力和方式。其中既有北京、上海、广州、深圳等超大特大城市的社区公共空间治理，同时也包括其他城市的社区公共空间治理实践，基本涵盖了不同治理规模的社区。也正是如此，这些治理创新为形成具有普遍性和可借鉴意义的政策设计提供了经验支撑。

（一）社区公共空间管理

实现社区公共空间的有效管理是空间共建共治共享的核心体现，也是城市管理的重要议题。现有案例主要反映了社区公共空间管理五个方面的问题：其一，空间内人口结构复杂多样、流动性强，未能形成治理合力，社区管理难度大。其二，未能满足居民生活需要，未考虑到特定群体或功能性需要并提供相应的公共空间与配套服务。其三，产业形态和管理水平滞后，导致社区空间受低端制造业的影响，出现流动人口管理难度大、环境污染等困扰，面临复杂的利益冲突。其四，不同治理主体对共有空间使用权的理解发生冲突，集体空间受居民侵占使得空间未能发挥其既定功能。其五，伴随着居民日益提升的生活需要，社区公共空间也需要不断提升服务质量与公众参与能力，以回应居民的关切（详见表6-2）。

以上问题凸显了社区公共空间鲜明的公共性。社区公共空间时刻处在多元主体利益交汇和冲突之中，特别是在建设时间长、人口结构复杂、产业处于转型升级阶段的社区，主体间对于空间产权、功能和管理权的矛盾和困境更为明显。另外，公共性也要求空间管理必须与时俱进，及时响应人民日益增加的对于集体空间的需求。因此，社区公共空间管理必须识别居民需求、优化社区公共空间治理的体制机制，也是推动社区公共空间有效管理的关键，从而多管齐下消解可能产生的空间治理矛盾。

150　以人民为中心的空间治理：性质、机制与逻辑

表6-2　完善社区公共空间管理的案例借鉴

主要问题	具体案例	如何解决	可借鉴做法
人口结构复杂，社区管理难度大	【广州市天河区棠下街道】在广州市天河区棠下街道，密集的外来人口和复杂的出租屋状况导致社区管理难度大，社区内矛盾摩擦多。	1. 形成"政府+来穗党员+出租屋托管人协会+企业+社工+志愿者+来穗人员"多方主体联动服务模式。2. 棠下街道打造了来穗人员议事厅，以每月固定开展社区议事活动的形式，为外来人员提供了参与社区建设的平台，来穗党员代表、社工、来穗中心代表、来穗党员代表等多个主体。	1. 坚持"党建引领，政府助推，群众参与"；2. 形成多元共治议事平台，汇集居民意见。
	【上海市康城社区】作为体量巨大的开放式居民区，上海市康城社区由于人员混杂，管理混乱，治安、卫生、停车等问题频发。	1. 由康城社区党委、社区居民委员会与社区中心共同治理，社区各项功能部门，做实基本管理单元。2. 康城社区党委将400多平方米的"两委一中心"办公室腾空，运营打造"荟智汇"公共空间，吸引更多主体参与社区空间治理。	
未能满足居民生活需要	【上海市愚园路公共市集】在上海市愚园路，修补和维护等非正规从业者因为城市建设被迫搬离，市民的需求无法得到满足。	将摊档进入特定区域、社区、街道联合市场经营者主动让利，对摊主予以摊档租金减免优惠。	1. 重塑经营性社区空间；2. 铺租减免，提升经营者入驻的可持续性；
	【上海市徐汇区华泾镇华建一街坊】上海市华建一街坊由于交通不便、基础设施差等原因，社区内的长者等弱势群体在饮食采买方面面临困难。	建设长者饭堂，通过引入专业化的餐饮公司为长者提供餐饮服务，以长者饭堂为连接点，为长者们提供交流活动。	3. 建设长者食堂等生活服务设施，照顾弱势群体的生活和活动需求；4. 菜单式空间改造和服务模式；5. 多元主体合作出资形成"准物业"长效管理机制。

续表

主要问题	具体案例	如何解决	可借鉴做法
未能满足居民生活需要	【广东省惠州市惠民空间】广东省惠州市辖区内有诸多老旧小区，长期存在管理缺位、配套设施和服务不足的问题，影响着基层社区的治理效果。	1. 菜单式服务模式，针对性诉求进行空间微改造和提升，优化社区空间环境与设施。 2. 打造惠民空间，为居民提供社区、社会组织、社工"三社联动"的常态化服务平台。 3. 建立由政府、产权单位、小区公益基金和居民共同出资的社区基金，维持后续管理。	
生产与生活空间并存，存在利益冲突	【广州市凤阳街康乐村】广州市海珠区凤阳街康乐村由于长期发展低端纺织业，村内面临复杂的不同主体结构和利益冲突，造成环境污染等难题。	1. 物理空间上进行城中村更新改造，解决基础设施破旧、违法违规建筑等问题。 2. 疏导落后纺织业产能，转移劳动密集型产业，积极将康乐片区并入海珠区发展规划。 3. 以"围院"的公共空间形式将253个网格整合为8—9个"大围院"，同时以祠堂为公共空间单元，组建康鹭片区共建促进会、凤阳幸福平安联谊会。	产业社区的围院化、网格化管理。
空间使用权存在冲突	【江苏省淮安市盱眙县黄花塘镇】淮安市盱眙县黄花塘镇各村内老街空间缺乏统一治理，受到居民反复侵占，村集体资产大量流失，空间整理利用率较低。	1. 实行挂包机制，召集这些部门召开"项目过堂会"，任建局等每个部门挂包2—3个村落、水务局、交通局、编制重点攻坚的项目单。 2. 盘点镇内闲置资产，并有针对性地盘活公共空间。 3. 利用数字化、定岗定责等新型管理模式，因地制宜创新管理模式。	1. 盘点集体资产，形成管理清单； 2. 创新管护模式，针对性盘活闲置资源。
公共空间服务质量有待提升	【成都市锦江区R29社区生活空间】成都市锦江区R29社区生活空间在社区消费发展的趋势下，探索如何通过市场化模式提升空间服务质量与可持续性。	1. 采用政企合作，以孵化培育社区商业为主要动力的发展模式。 2. 引进集城式便民自助终端和智能政务终端，将生活空间融入城市智慧化服务体系。 3. 将商业功能与社区公共服务功能相融合，提升综合性服务。	1. 政企合作，将社区公共服务功能融入商业综合体中； 2. 积极采用数字化系统，提升智慧化程度。

(二) 社区公共空间互动

在社区公共空间互动方面，现有案例主要反映了以下四个问题：其一，居民与社区管理者之间缺乏有效沟通，进而引发矛盾。其二，现有社区治理参与渠道有限。其三，社区配套设施和服务不足，缺乏必要的活动空间，未能满足居民互动和社区交往的需要。其四，居民对社区缺乏归属感，社区缺乏活力（详见表6-3）。

在社区的公共空间发挥着促进社会联系的作用，可以为居民提供与家庭成员、社区成员乃至陌生人自由交往互动的平台。但由于城市社会结构的多样化以及熟人社区的弱化，人与空间的连接并不必然带来人与人的互动，反而可能引发居民和居民、居民和管理者之间的隔阂与冲突。社区公共空间的公共性要求建立健全长效的空间互动和治理机制，发挥社区公共空间增进交流、凝聚民心的作用。这要求管理者关注居民需求，优化特定空间内的互动形式和交往渠道。

(三) 社区公共空间配套设施

这一主题下体现的问题主要分为三类，一是居民自主性不足，对于社区的服务提供更多处于被动接受状态，同时也游离于空间治理之外。二是空间特定功能亟待丰富，无法回应居民对社区多元服务的期待。三是社区空间结构布局、规划设置不合理，使得原本的配套设施无法发挥应有的作用，因此需要加以改造（详见表6-4）。

从社区公共空间的特质上看，一方面，社区公共空间是具有公共性的空间，空间功能的发挥要能够满足公众需要或解决公共问题，这主要由政府职能部门进行管理。但就空间使用而言，社区居民才是空间中配套设施的直接使用者，当管理端或者设计端的主体与使用端的主体缺乏达成共识的渠道时，使用端（居民）对空间功能的发挥会处于被动接受之中，其对空间功能的感知与情感投入自然也会处于低水平状态。另一方面，社区公共空间是服务于居民需要的空间，传统社区的功能设施建设往往着眼于衣食住行的基本需求。在社会高速发展下，居民对社区提出更高层次的功能需求，一类是符合居民普遍性的发展需求，要求社区满足如健康、艺术等精神文化需求；另一类是具有特殊性的实际需求，要

第六章　总结与讨论

表6-3　增强社区公共空间互动的经验借鉴

主要问题	案例与具体体现	如何解决	可借鉴做法
居民未能有效参与社区治理	【上海市青浦区盈浦街道贺桥公寓】上海市青浦区盈浦街道贺桥公寓，由于老年群体和物业管理者之间缺乏沟通，双方就家具能否摆放在底层楼道，支持老人日常活动产生了矛盾，影响社区和谐。	1. 协商改良方案，为楼道配置了统一美观的桌椅。 2. 通过楼道装饰活动促进居民对社区治理的参与。	1. 坚持党建引领，发挥党员的模范带头作用； 2. 通过社区活动动员居民，提升参与主体的参与意识； 3. 追求平衡，关注空间安全、美观和居民使用需求。
	【广州市三元里地区居民议事】广州市白云区三元里地区城中村中由于外来人口缺席社区治理，导致本地人和外来人口冲突频发，社区治理困难重重。	构建起了来穗人员党支部、来穗人员服务工作站、融合学堂、社区共治议事会、志愿服务队等机构，为外来人口提供社区共治议事会这一渠道，使其能够参与社区议事。	
社区配套设施和服务不足，未能满足居民互动需要	【徐州市云龙区昆仑社区】徐州市云龙区昆仑社区作为新城区，社区配套服务建设未能满足居民诉求，居民参与社区治理的意愿、能力与目前配套服务的供应水平不匹配。	1. 引入机关单位、商业企业、社会组织（群团组织）、物业以及热心居民，打造以"机关合伙人"、"商业合伙人"、"物业合伙人"和"自治合伙人"为核心的"5G社区合伙"制度，以此带动和激活社区服务。 2. 通过合伙人的公益服务和平台服务，组织社群活动，带动盘活社区闲置空间资源和参与力量。	1. 以物质空间为改造重点，优化基础设施； 2. 多元主体参与社区治理，激发社区活力； 3. 充分尊重和满足各年龄段居民的需求； 4. 为特殊群体设立议事代表，切实满足特定群体的需要。
	【上海市长宁区仙霞路街道"闲下来合作社"】上海市长宁区仙霞路街道受限于旧有规划，社区居民缺乏用于活动交流的文化空间，导致社区活力不足。	1. 改造闲置防空洞空间，转化为可供社区居民使用的公共活动空间。 2. 关注社区内的代际差异，有针对性地面向各年龄段居民提供相应服务，实现社区服务全龄友好。 3. 社区借助第三方组织力量设计、规划、建设和运营公共空间，为社区居民提供便捷、专业的服务。	

续表

主要问题	案例与具体体现	如何解决	可借鉴做法
社区配套设施和服务不足,未能满足居民互动需要	【深圳市龙岗区"V创空间"】深圳市龙岗区"V创空间"建立前,居民参与活动较少,社区活力不足,有必要拓宽居民的参与途径,加强居民与社区之间的沟通与联系。	1. 培育社区本地化骨干力量。 2. 搭建"居民参与空间+居民群组"线上线下参与平台。 3. 以居民的现实生活议题为主体,策划丰富居民自治项目,激发居民的参与意识和自我管理潜能。	
居民对社区缺乏集体归属感,社区事务参与度低,社区治理缺乏抓手	【江苏省无锡市苏庙社区】无锡市惠山区钱桥街道苏庙社区地处外围城区,面临社区人口结构差异大、归属感较弱的问题。	1. 将多处物业配套用房转化为居民的活动中心。 2. 从兴趣爱好入手,将梦想客厅的部分空间免费开放给居民自组织,促进空间再组织化。 3. 居民管理委员会中日常管理、场地管理、宣传、财务等事务部聘请了专人负责,为居民有效开展服务。	1. 促育居民围绕社区空间设计展开交流互动。 2. 引导支持社区成立趣缘组织,提升社区向心力; 3. 通过引进、聘请外部专业社会组织的方式,为居民开展各类服务; 4. 因地制宜地寻找居民之间的共鸣,提升居民的参与意愿。
	【成都市高新区西园街道檬柏社区巧手家·生活坊】成都市高新区檬柏社区作为农迁社区,居民未适应城市生活环境,居民之间群体集体文化相对缺失,区内治理松散。	1. 以公共空间为阵地,打造"巧手家手工协会"居民自组织,形成趣缘团体。 2. 以"乡情记忆"为主题,以参与社区更新的方式打造社区活动叙事空间"巧手家小院"。	

第六章 总结与讨论

表6-4 优化社区公共空间设施的经验借鉴

主要问题	问题体现	如何解决	可借鉴做法
空间运行中居民自主性不足	【上海市定海社区"定海原心学园"】大部分社区教育活动都是由校方提前规划、设计课程内容，居民难以自主选择，处于被动状态。	1. 构建系统化社区研学基地，形成了定海原心学园。学园采取了混龄教育、项目制的形式，重视在行动实践中学习，知行合一，充分锻炼自身能力，并和其他学员培养相互有益的交往关系。 2. 实现学员项目自治。校方会提供一定的元活动供学员参考。学员可以自主选择感兴趣的项目，进行发起，或是自创一个项目。 3. 依托线上线下平台，链接社区资源。项目首先基于社区已有资源发起，针对个别社区无法满足的资源，依托线上平台上向外招聘。	1. 构建居民参与平台，引导居民参与其中； 2. 提供宏观方向指引，微观工作实现居民自主； 3. 寻求多方力量，满足居民需求。
	【红河哈尼族彝族自治州弥勒市】红河哈尼族彝族自治州弥勒市的社区设计中缺乏对于儿童安全、成长环境的考虑，需要进行社区公共空间"适儿化"改造。	1. 完善儿童友好设施，对设施进行适儿化的装饰与改造。 2. 设立儿童议事员，在社区改造中广泛听取儿童意见。	
空间功能丰富度不够	【成都市蜀都新邨社区科学美空间】社会对科学教育空间和课程资源的需求增加，但传统社区内部难以提供相应服务。	1. 联合高校，打造科学教育实践基地，高校提供课程服务。 2. 完善基础设施，基地内配备了无人机、穿戴式机械装甲等新兴科技产品，还内置了智造车间、飞天学堂等多个功能区域。 3. 联动学校，孵化科技创新成果，举办青少年科技创新大赛。	1. 链接外部资源，提供专业服务； 2. 以居民需求为导向，根据需求完善基础设施； 3. 利用闲置空间进行改造； 4. 建立可持续运营机制，最大限度发挥空间功能； 5. 建设社区文化空间； 6. 以社区绿色空间为载体，组织开展社区交流和环境提升活动。

续表

主要问题	问题体现	如何解决	可借鉴做法
空间功能丰富度不够	【上海市定海社区"定海原心学园"】定海街道社区文化活动质量不高，无法满足居民广泛的精神文化需求。	将街道的闲置空间改造为集教室、工作坊、生态园区、儿童游乐园等多项功能为一体的共享折叠空间，并且根据学员们的新需求不断改造和更新。	
	【上海市长宁区"栗上海·公共艺术与社区营造计划"】部分社区人文气息不足，无法实现美育需求。	1. 项目搭建居民参与艺术活动的桥梁载体，使居民能够沉浸式体验身边的艺术。 2. 建设了乐活空间、综合剧场等，打造全面的艺术体验空间。	
	【上海市杨浦区五角场街道康健社区创智农园】上海市杨浦区创智农园希望通过城市环境更新整治与自然教育，引导居民参与社区空间自治。	依托社区公共绿色空间，构建互动性都市农园，并通过自然教育、参与式景观营造等活动，促进居民与空间、自然的有机联结。	
	【南京市江宁区秣陵街道双金社区四点半课堂】在双金社区，社区内部人员较为密集，双职工家庭的孩子在放学后面临无人照看的难题。	1. 将社区工作私有办公室空间改造为公共社区课堂空间，为双职工家庭、困难家庭的孩子提供临时照管服务。 2. 根据孩子的需求不断地对课堂进行改造和升级，培养他们的课外兴趣。 3. 将四点半课堂作为连接点，孩子长大后成为志愿者反哺社区，促进社区居民之间的交往和互动，增强社区的凝聚力和自治意识。	

续表

主要问题	问题体现	如何解决	可借鉴做法
社区空间结构布局不合理	【杭州市大关·Home 党群服务中心】 传统的党群中心以单一功能为主，缺乏公共空间的设计和规划，无法满足居民多元化的需求。往往由政府主导管理，缺乏多元的参与主体。	1. 提供各类行政、文化、体育等多种服务，丰富居民文化娱乐与日常生活的选择与层次。 2. 吸引商家的入驻，进一步提升周边商业区的发展。 3. 积极引入公益组织和社区志愿者等力量，组织开展各种志愿服务活动。	1. 在改造中考虑美观要素，提升空间吸引力； 2. 依托第三方专业设计团队； 3. 合理利用闲置空间； 4. 利用线上平台，实现居民议事。

求社区解决本地居民的切实困难，这需要社区治理者通过多种渠道优化社区配套设施。从空间配套设施的设计来看，空间结构布局的不合理可能会给居民的日常生活带来不便，也使得部分配套设施难以发挥作用。因此，吸引专业性团队的加入成为社区配套设施设计或改造的重要趋向。

(四) 社区公共空间营造与更新

社区公共空间营造与更新的问题本质上是社区公共空间规划与设计的问题。社区公共空间规划与设计的问题主要分为以下几个方面：一是空间功能落后，难以匹配居民需求；二是在原有产业转型后，空间无法满足城市发展需要；三是空间结构布局不合理，缺乏系统性；四是空间整体规划落后，整体形态仍处于较低水平；五是空间改造中易出现利益矛盾；六是空间人群包容性不足；七是空间规划参与主体单一，仍为社区主导（详见表6-5）。

解决社区公共空间规划与设计中出现的问题需要从以下几个方面入手。第一，社区公共空间规划与设计要服务于公共需求。这主要体现在社区公共空间规划与设计要满足三重治理需要，一是社区居民的日常生活需要；二是社区居民的发展需要，包括教育、文化、休闲等需要；三是服务城市发展的需要，即社区公共空间建设需要与城市发展目标相契合。在实际规划设计中，当空间原有的规划与设计落后于时代社会的发展，就会面临各种不适。主要体现为一方面社区公共空间配套时间较长而存在品质下降的问题，过往的配套设施已无法满足现代生活的基本需求，许多设施也在长时间使用中面临老化损坏的情况。另一方面，空间难以产生应有的社会效益，无法满足城市发展的需求。第二，由于公私空间边界的混淆使得空间结构布局不合理，一些私人物品出现挤占公共空间现象，公共空间也经常呈现点状式、分散式的分布，缺乏系统性。在过去规划中没有融入系统思维使得空间整体形态也处于较低水平。第三，空间是凝聚与承载社会记忆的空间，因此在改造过程中，需要考虑城市发展与历史记忆的平衡，同时也要考虑居民的主体利益。第四，空间是交往的空间，但是这种交往的可进入性是否兼顾公平性和人文关怀

第六章 总结与讨论

表6-5 实施空间营造的经验借鉴

主要问题	主要体现	如何解决	可借鉴做法
空间功能难以匹配居民需求	【上海市新华路街道"睦邻·微空间"】新华路街道社区公共交往空间多集中在街道上，人车不分流带来了空间安全隐患。	1. 提供适老化设计。空间采用全玻璃推拉门，通过透明化的空间呈现，满足了老年人对街道日常生活事务的好奇。 2. 设置休息座椅，还提供了公共书架、社区留言本、共享轮椅等具有公共功能的设施。 3. 塑造合适的网络空间。建设线上信息交互平台，引导居民参与线上公共议论。 4. 借助"城事设计节"活动，依托地产开发商专业化的本地运营，专人负责卫生清洁，他们还会与社区老年群体交流，根据居民需求添置物品，或帮建议向上反馈。	1. 更新空间设施； 2. 维护空间环境； 3. 在改造中尊重居民意见，发挥社区居民的主动性； 4. 积极发掘多维度空间功能； 5. 引入多元参与主体。
	【北京市朝阳区双井街道"微空间·向阴而生"】九龙社区"井点一号"曾是一片约300平方米的空地。由于其为硬质铺装，高出地面约半米，仅一处楼梯入口，且空间内仅放置少量健身器材，因此，该空间少有居民愿意使用。	1. 在改造过程中为空间增加打卡和美学要素，新潮的不锈钢装置，迎合了人们的自拍兴趣，提升公共空间的吸引力。 2. 第三方团队为主导，在从设计到施工的全过程中组织七场公众参与议事会，邀请居民共同参与选点、设计、植物品种和场地命名、居民公约制定等各个环节。 3. 将闲、有单一功能、议事休闲、娱乐休闲的公共空间转变为能够为民提供便民服务，畅谈该多功能的公共空间服务中心，充分提升了社区空间的利用效率和使用效果。	
因产业转型空间功能需调整	【珠江琶醍文化创意艺术区】在珠江啤酒将生产线搬迁至郊区后，留下的2.7万平方米的旧厂区一直闲置，公共空间存量资源无法得到有效利用。	对原有设施进行改造，将原本的包装厂房变为演艺厅，改造为餐吧，工业艺术相融合，保留了原本的工业符号，将货运码头设计中融入啤酒文化，提升了居民的游玩乐趣。	1. 结合现有条件活化闲置资源； 2. 发掘闲置资源背后的文化价值，在改造中保留当地特色与记忆； 3. 将闲置空间改造为功能性空间。

续表

主要问题	主要体现	如何解决	可借鉴做法
因产业转型空间功能需调整	【上海市温藻浜滨江公园】随着城市的不断发展，当地原本的货运、仓储行业逐渐被高新技术产业替代，温藻浜沿岸的货运码头以及仓储工厂的功能亟须转型。	打造滨江公园，具体做法如下： 1. 拓宽滨江空间，构建起了以"步道+跑道+骑行道"互通互联的交叉网络。 2. 修筑起了以体育健身和文化活动为主的基础设施，满足各年龄段居民的不同需求。 3. 打造城市人文景观绿链，塑造了具有滨水特色以及与科创主题相关联的场所。 4. 在空间改造的同时，保留了部分析梁、升降机等工业遗迹，保留了当地的特色与记忆。	
	【北京市永定河左岸公共空间】北京市永定河左岸大部分重工业停产搬迁、诸多工业遗址、铁路旧址、老厂房围墙和建筑垃圾等遗留建筑，影响城市风貌。	1. 建设一系列绿化措施和休闲娱乐服务设施与公共场所。 2. 坚持"轻建设、重运营"理念，充分利用好存量空间，在保留工业旧址特色的基础上增加服务设施。 3. 充分发挥工业、铁路等旧特色，融合冬奥文化，打造特色工业展示区与冬奥公园，打造覆盖全年龄段的特色休闲空间。	
空间结构布局不合理	【重庆市万州吉祥街】在万州区吉祥街，杂乱的老街巷居住环境恶劣，道路较为来窄，乱停乱放的现象时有发生，严重影响市容市貌以及民众生活质量。	1. 保留了原本的空间结构以及树木，通过增加凳子、书吧等方式为居民们提供了互动交流的场所。 2. 打造"点状"的商业业态，通过对临街建筑的改造与维修，打造网红小店吸引人流量。 3. 融入历史文化打造人文景观，将历史文化融入街边墙体景观。 4. 美化临街商底商外墙，将原本视觉上的脏乱差临街商底商外墙进行了饰面改造。	1. 增加互动交流场所； 2. 因地制宜进行有限空间的改造； 3. 使用软性改造方式加强空间的整体联系。

第六章 总结与讨论

续表

主要问题	主要体现	如何解决	可借鉴做法
空间结构布局不合理	【中英街】受历史规划决策的影响，中英街原本的空间规划与设计较为零散，相互之间缺乏沟通渠道，内部公共空间碎片化、公共基础设施配套设施不足。	1. 在空间规划时主要用"嫁植人"的方式，通过引入张拉膜系统实现文物的静态保护，同时提升游客的步行体验。2. 将社区内部的路网以及房屋通过曲线连桥等方式将整个社区变为一个整体。	
空间整体规划需完善	【上海市徐家汇乐山社区】乐山社区规划的建设标准较低，整个社区除了几条道路以及中心绿地以外基本上没有其他的社区空间。	1. 拓宽社区公共道路，加装了雨棚、照明设施、座椅等公共设施。2. 将路网街角设计为公共交流场所，成为乐山漫步道中的驿站。3. 将经历史人物与艺术创作融入公共道路，增加艺术墙绘。4. 改造中心绿地，增添了儿童乐园、体育健身设施、喷泉设施，满足了全年龄段居民的需要。	1. 完善公共设施建设，建设面向全龄段的设施。2. 挖掘本地资源，融合文创产业；3. 打造具有景观功能的空间；4. 拓宽公众交流空间。
空间改造中的利益矛盾	【广州市永庆坊】广州市 2015 年前的绝大部分工程项目解决城市空间问题的思路主要是"政府主导"、"大拆大建"、"全片区改造"，矛盾凸显。	1. 采用"政府承办，企业承办，居民参与"的形式，各方诉求均得到较好的满足。2. 基本保持了原有建筑轮廓不变，同时同人了创意空间元素，实现了传统与现代生活需求的结合。3. 完善了公共基础配套设施，满足居民生活需要。	1. 尊重多元主体的诉求；2. 在改造中保留历史记忆；3. 完善基础设施配套；4. 搭建多方合作平台；5. 开展共创项目，实现社区居民有效参与。
	【上海市新华路街道"新华·社区营造中心"】新华路街道存在五栋有 90 年代产业园区建筑的临时建筑，这些建筑因证件过期超期使用，出现产权责不清等冲突矛盾，由此成为新华路街道的治理难题。	1. 形成由政府、房屋所属企业、社会组织构成的多方合作架，以此活化空间资源，解决产权纠纷。2. 由社区居民主动发现社区议题，以此实现议题落地，开展共创工作营课程，以共学为驱动，解化社区外部的专业人员利关注人士的行动。3. 研发系统化的社区营造课程，以共学为驱动，解化社区外部的专业人员和关注人士的行动。	

续表

主要问题	主要体现	如何解决	可借鉴做法
空间人群包容性不足	【成都市玉林东路社区驿站"巷子里"】传统的空间设计往往是基于单一的人群需求和体验，无法满足不同年龄、性别、文化背景和身体状态的居民需求。	1. "巷子里"规划建设区域提供多种休闲功能，提高各年龄段人群在社区居住的舒适度和人居环境质量。 2. 创造舒适、安全与友好空间，方便残障人士的进出与使用。	1. 打造适合全龄段的空间； 2. 空间设计考虑到弱势群体的需要。

同样值得关注。一些地方在设计公共空间时可能会隐含排他性，未考虑到不同人群在年龄、身体状况等方面的差异性，这是许多地区在规划设计中常常忽略的一点。第五，当社区公共空间规划设计作为一项政策议程时，需要协调的是多元主体的利益，尤其要重视居民的需求以及其在空间规划设计中作用的发挥。

总体来说，本书旨在强调社区公共空间治理本身具有的重要意义。在研究层面，尽管国内公共空间研究更多集中在规划和建筑领域，但从全球范围内的空间研究来说，还涉及生态学、社会学、政治学、城市治理等诸多领域，并保持着持续研究的脉络。从这个意义上来说，以空间作为研究对象依然具有理论生命力。在经验层面，空间不应仅被视为行动背景或者是治理场景，而是成为与个体生活体验紧密相关的治理对象。特别是对于社区公共空间来说，既承载着个体对于安全、便利、舒适、美丽的社区环境的期待，同时其有效运转还体现着基层治理能力和治理水平。此外，社区公共空间还能将时间定格，保留历史文化的印记，成为塑造个体观念、形成社区认同的重要物质载体。

附录

社区公共空间治理创新典型案例汇集

一 社区公共空间管理

1. 广州市天河区棠下街道

（1）基本情况介绍

棠下街道位于广东省广州市天河区中南部，得益于广州快速公交BRT系统的交通便利，加上房租价格便宜，许多外来务工人员都会选择在棠下街道居住。作为外来人口和出租屋双密集的街道，治理难题突出。为此，天河区来穗人员服务管理局开展了"棠下同乡坊"——天河区同地缘来穗人员幸福促进试点项目。

（2）空间问题的解决

棠下街道握手楼众多，且街道狭小、昏暗，人居环境卫生较差。许多出租屋揽客的都是"二手房东"（即托管人），对于出租屋的责任心不强，因此房屋的管理、服务存在漏洞。同时由于价格低廉，出租屋内的卫生问题、安全隐患等就成了"房间里的大象"，使得房东、托管人及租客间对此形成了闭口不谈的默契。此外，出租屋人口密集，加上群体间异质性强，容易滋生矛盾摩擦。许多外来人员难以找到归属感。

（3）创新的方式

棠下街道形成了"政府+来穗党员+企业+出租屋托管人协会+社工+志愿者+来穗人员"多方主体联动的服务模式。其通过成立"棠下街出租屋托管人协会"，激发托管人的责任意识与服务意识，并在此基础上形成了治安、消防、服务、调解、文娱活动等专业志愿者队伍。这一方面缓解了街道、社区的工作压力，能更好地深入出租屋内的管理盲区；另一方面调动了社区居民的自治热情，能更好地了解外来人员的需求，从而加强对外来人员的服务与管理。

"棠下同乡坊"项目为外来人员打造专属的公共空间。只有调动起来穗人员建设社区的热情，才能真正让他们获得归属感和幸福感。棠下街道打造了来穗人员议事厅，每月固定开展社区议事活动。参与者包括派出所代表、来穗中心代表、来穗党员代表、社工、来穗人员等多个主体。该项目为外来人员提供了参与社区治理的机会，同时通过社区活动、探访慰问等形式，让外来人员感受异乡温暖，使其更好地融入社区生活。

（4）影响

"棠下同乡坊"项目开展以来，志愿服务队服务总覆盖超10万人次，议事厅开展的议题达到10个，参与人员达到150人次。该项目在促进外来人口社区融合方面做出了巨大贡献，被广州市委政法委评为2019年度优秀"广州街坊"社区治理案例。

2. 上海市康城社区

（1）基本情况介绍

上海康城社区位于闵行区莘庄镇，面积约208万平方米，实际居住人口超过4万，是上海市体量最大的开放式居民区，属于罕见的特大社区。小区内有四个居委会，内部配有学校、沿街商铺等配套设施，管理难度大。

（2）空间问题的解决

作为上海市体量最大的开放式居民区，小区内居民众多，人员构成复杂，管理一度十分混乱。由于居住人口众多，群租房泛滥，钉子户众多，违规搭建、乱牵电线等现象突出；治安较差，盗窃案频发，居民满意度较低。停车位不足，小区内交通道路经常拥堵，随意停车现象严重。空间治理存在诸多"老大难"问题。

（3）创新的方式

打造社区共治空间。康城社区党委将400多平方米的"两委一中心"办公室腾空,运营打造"莘智汇"空间,让社区空间治理吸引更多主体参与。此空间汇集多项服务,其一,通过科普长廊、消防安全与医疗急救知识培训等发挥社区科普、教化的力量。其二,通过心愿征集与时间银行的模式,充分发挥居民互助、社区互助的力量。其三,通过设置民意收集点,将社区内垃圾分类、设施改造等话题予以发布并征集居民意见,将众多关乎居民切身利益的问题交由居民自己决定。

整治社区环境,在社区综合整治上坚持"党建引领、政府助推、群众参与"。康城社区党委、社区居民委员会与社区中心考虑超大社区的现实条件,实时根据社区需要,通过共同治理来做实基本管理单元。例如,为提高社区服务水平,在社区中心下又设置事务、文化、卫生三个分中心,及时满足居民各项需求。为解决群租房问题,引入房管工作站,协同警务站、城管工作站、市场监督站共同治理。为解决安全隐患,综合整治各类违法搭建,投入资金全面升级"技防、物防、人防"。通过各方联动,整合社区内各居委会、职能工作站、业主委员会等多方资源,综合整治社区环境与治安,提升居民的居住体验。

(4) 影响

各方协同治理,整合各方力量,共同促进康城社区"老大难"顽疾的切实解决。改善社区环境和治安,方便居民生活,提升居民的幸福感,也为其他老旧小区整治提供范本。通过进一步的创新扩展,打造社区共治空间,让民众事民众议民众定,民智民力得到发挥,打造社区空间治理新样本。

3. 上海市愚园路公共市集

(1) 基本情况介绍

在生活场景中,一些修衣服、补鞋的修补档为居民的日常小问题提供了解决方案。在上海,一些因为城市建设而搬离的修补档被吸纳进了愚园路公共市集。

(2) 空间问题的显现

一些修补档曾被认为影响"市容问题"而进行整改,经营者也容易和城市管理者发生冲突。实际上,居民仍旧需要"小修小补",尤其是老年人群体对于修补档的需求惯性长期存在。与此同时,"小修小补"也能在一定程度上解决就业问题。因日常生活需要而产生的空间互动使得居民与修补档之间形成了和谐的邻里关系。因此,如何在城市治理中寻求空间管理和空间温度的平衡,成为治理者们需要考虑的问题。

(3) 创新的方式

如何能让城市空间包容修补档?一方面重塑生活经济空间。相比采用取缔的形式对摊档进行整改,允许摊档迁移入驻在划定区域内经营的举措则更加柔性化,也是将以往散乱无序、分布在街头巷尾摆设的修补档进行了整合。公共市集的设立在方便城市日常管理和居民生活的同时保留了本地性的业态,延续了城市居民间的邻里关联。另一方面,解决经营成本难题。以往的修补档扎根于街头巷尾,没有铺租成本。在整治开展后,社区、街道联合市场经营者主动让利,租金减免,也给予了经营者选择是否入驻的权利,从而减轻了迁移入驻对经营者带来的负外部性。

(4) 影响

这种创新方式巧妙地化解了公共空间治理的难题,同时营造起"便民、利民、惠民"的宜居环境,符合"15分钟社区美好生活圈建设"的理念,也为我们展现了充满人情味的城市一角。

4. 上海市徐汇区华泾镇华建一街坊

(1) 基本情况介绍

华建一街坊地处上海市徐汇区华泾镇,紧邻闵行区梅陇镇,建成于1994年。华建居民区被园区、学校和待开发地块包围,生活、出行不大便利,被当地居民戏称作徐汇区的"西伯利亚"。小区居民多为60岁以上老人,且多为独居。

(2) 空间问题的解决

由于社区面临交通不便、基础设施较差等现实难题,社区长者等弱势群体在购买食材或制备健康的饮食上存在困难,打造共建化社区食堂则有效地缓解原有社区的问题,解决老人买菜做饭难的生活问题。一方面,为他们提供稳定的饮食来源,确保长者有足够的营养摄入;另一方面，缓解了子女定期送食材的压力。尽管社区更新的在地性很强，每个社区都在差异化发展，但聚拢社区的烟火气和人情味的目标是一致的。长者饭堂在满足其居民日常饮食需求的功能外，为老年人群体打造属于他们沟通交流的空间。左邻右舍一起用餐，交谈甚欢。人们基于共同经历而产生的认同最终形成情感的纽带。长者饭堂成为老年人群体的公共"客堂间"。

（3）创新的方式

长者饭堂采用半独立式运营模式，建筑独立但运营服务采用共同协作的形式。社区通过引进餐饮公司合作开设社区食堂，提供一日三餐服务，中晚餐各有特色。社区食堂还提供10%—15%的折扣优惠和老人专属的健康膳食。此外，以长者饭堂为联结点解决老人的饮食问题，也增加了老人与他人交流互动的空间和机会，有效地解决了独居老人的生活问题。

（4）影响

长者饭堂是社区建设中的重要服务设施。华建一街坊通过专业的服务团队和管理经验对空间功能进行设计，为老龄化社区提供更加周到、细致的服务，让长者感受到更多的关爱和温暖。与此同时，华建一街坊社区长者食堂通过高质量的餐饮、服务水平和后期推广，形成探店和附近居民就餐等渠道来增加长者食堂可观的收入来源。自我造血式的长者饭堂在提高饭堂质量和服务水平的同时，实现了运营的可持续性，从而为持续保障长者三餐供应提供可能。

5. 广东省惠州市惠民空间

（1）基本情况介绍

广东省惠州市位于珠三角东端，辖区内有诸多老旧小区。老旧小区面临公共空间环境卫生条件差、服务配套设施不足等问题。为提升居民生活幸福指数与基层社区治理水平，惠州市于2019年启动"惠民空间"改造项目，对全市的老旧小区进行微改造。

（2）空间问题的解决

惠州市的老旧小区数量多，环境较差，设施陈旧，居民活动空间狭小。老旧小区存在的问题较为复杂且外来人口多，管理难度大，居民的诉求多样，改造上存在诸多难题。与此同时，老旧小区相关配套不足，服务落后，也缺乏居民自治共管的服务平台，社区治理难以满足群众的需求。因此惠州市通过对老旧小区的改造，进一步推动社会治理的优化。

(3) 创新的方式

在老旧小区环境的改造上，采取"菜单式"服务模式。主要针对社区内的休闲文化设施、园林绿化、公共活动场所等进行微改造和提升，优化空间环境与设施。打破政府单一负责的改造传统，由"政府牵头，社会协同，公众参与"实现共建。具体来说，改造工作由政府牵头，落实分工；由社会公益组织提供资金支持或承接具体改造工作；成立居民共建小组，召开征求意见会，听取社区居民的各项诉求，由居民"点菜"。改造过程中充分调动了各类社会主体在微改造中的积极性，也缓解了财政压力。

在进行微改造时，政府利用社区空间打造了公益性、群众性的"惠民空间"为居民参与社区治理提供平台，并由居民参与制定"惠民空间"管理公约，成立社区议事小组，形成协商议事机制，充分调动居民自治的积极性。组建志愿队、足球队等社区社会组织，定期举办一系列社区活动，提升小区活力，打造"熟人社区"，提升居民的归属感。为解决后续管理维护资金的问题，有社区创新性地探索出"准物业"长效管理机制，即由政府、产权单位、小区公益基金、居民共同出资来维护社区空间，或通过成立社区基金来实现后续管理维护。

(4) 影响

一方面，老旧小区改造极大地改善了居民的居住环境，也丰富了人们的休闲娱乐生活；另一方面，满足群众参与社会治理的需求，使其自身诉求得到充分满足，也提升了居民的主人翁意识。此外，社会力量被调动起来，引入社会资金，能够减轻政府财政压力，"花小钱，办大事"，惠及社区居民。

6. 广州市凤阳街康乐村

(1) 基本情况介绍

康乐村位于广州市海珠区凤阳街道凤和联社。其位于中心城区，却是一个典型的城中村，且有着完整产业体系的产业村。自20世纪80年代末至今，以康乐村为中心，中大布匹市场和纺织商圈生产的产品行销全球。面向康乐村的治理虽然是城中村空间综合治理，但由于涉及的利益纠葛众多，故上级政府目标、当地经济指标、企业主利润、劳动者收入等利益实现均需列入考虑范畴。

（2）空间问题的解决

康乐村空间治理主要面临以下两大难题，一是纺织业占主导的经济结构问题。"成也纺织，败也纺织"，康乐村以紧张的生产周期、快速的出货速度、娴熟的能工巧匠在纺织业上取得成功；但在经济形势发生变化的背景下，其产业生态却陷入尴尬的境地。这主要体现为康乐村的大部分纺织服装厂位于产业价值链最低端，难以触及高利润高端客户群；小作坊集聚且占地面积大、公共服务设施建设受限；工人的生活和工作空间小、散、乱，因而造成了严重的污染问题（纺织业所致）。二是不同主体之间存在利益冲突。康乐村有着庞大的流动人口规模。不同群体之间的利益冲突成为社区空间治理的不稳定因素之一。在此背景下，康乐村开启了城中村空间综合治理工作。

（3）创新的方式

在物理空间上，康乐村主要进行人居环境治理，拆除违法建筑，整治安全消防；推进城中村更新改造，解决基础设施破旧、环境脏乱差、隐患丛生等顽疾。在产业空间上，将康乐布匹纳入海珠区"一区一谷一湾"发展规划，并将部分劳动密集型产业转移出中心城区。具体来说，部分纺织业务疏导到清远市，从而实现类似于"前店后厂"、优势互补、产业转型升级的合作模式。在治理机制方面，康乐村以围院的形式将253个网格整合为8—9个大围院，形成了"产业社区的围院化管理"。与此同时，组建康鹭片区共建促进会、凤阳幸福平安联谊会，旨在消解缓和居民之间的矛盾、增强居民互动的作用，并以祠堂作为公共空间，强化本地居民与来穗人员的联系。

（4）影响

康乐村的城中村空间综合治理探索仍在进行中，它的未来依然需要持续关注。正因其问题的特殊性、治理的复杂性，其治理成效若能得到有效发挥，共建共治共享的经验将成为"中国之治"的独特样本。

7. 江苏省淮安市盱眙县黄花塘镇

（1）基本情况介绍

黄花塘镇隶属于江苏省淮安市盱眙县，镇下辖16个行政村，2个居委会。镇内各类资源丰富，作为革命老区，镇内有国家4A级旅游景区——黄花塘新四军军部纪念馆，也是全省虾稻共生发源地，有产茶历史悠久的雨山茶场等。淮安市将黄花塘镇作为盱眙县的乡村振兴先导镇进行重点建设，着重强调利用好现有的资源优势，为其他村的乡村振兴与公共空间治理树立典范。

（2）空间问题的解决

镇内老街多，且年久失修，对于集体空间没有统一治理。居民侵占集体空间的现象较为普遍，使得村集体资产大量流失。镇内的空间整体利用率不高，较多被闲置，显得老街空间杂乱无章，环境破败，亟待被盘活。市、县两级政府高度重视乡村空间治理工作，将其作为乡村振兴的重要抓手。在上级高度重视的情况下，亟须一些创新举措来切实推动乡村空间治理工作以打造示范样本。

（3）创新的方式

创新工作机制，实行挂包机制。水务局、交通局、住建局等每个部门挂包2—3个村落，并召集这些部门召开"项目过堂会"，编制重点攻坚的项目库，深入基层摸底调查，建立问题清单，并设置完成节点，提升工作的准度，同时结合各村特殊情况，针对性地解决痛点难点，落实各项任务。

盘点镇内闲置资产，并有针对性地盘活公共空间。设立工作小组，针对各村实际情况具体制定实施方案，切实提高公共空间的利用效率，将村集体经济发展作为公共空间治理的核心，考虑特色资源进行创新性打造，最大程度激发公共空间使用效益，既能美化老街环境，完善便民利民配套设施，又能发展集体经济，增加居民收入。

创新管护模式。各社区充分发挥自身特色，例如利用三维实景管理平台对周边公共空间的使用情况实现数字化治理；或建立"定人、定岗、定责"的管理模式，建立专业管护队伍，明确管护责任，切实提高对公共空间的维护治理效能。

（4）影响

经过创新性打造，黄花塘镇充分激发老区活力。通过打造特色品牌，发挥各地资源优势，打造出一批乡村振兴特色产业发展示范区，推动了乡村经济发展，助力乡村振兴。作为先导镇，黄花塘镇充分发挥对其他镇区的示范带动作用，充分盘活镇内公共空间资源，推动乡村环境的美化与乡村经济的高质量发展，并将治理成果转化为经济效益与社会效益，全面提升公共空间治理成果。

8. 成都市锦江区 R29 社区生活空间

（1）基本情况介绍

R29 社区生活空间为人居地产集团下属成都市兴东置业有限公司与锦江区成龙路街道办事处联合打造的新型社区生活空间，涵盖共享服务、休闲服务、双创服务、亲子服务、新媒体服务、政务服务、日间照料服务、惠民服务、智慧生活服务九大功能区域，面积达 1200 平方米，也是该区域内首个将社区公共服务功能融入商业综合体中的社区空间项目。

（2）空间问题的解决

R29 社区生活空间通过政企协作的模式，以市场化模式提升空间运行的可持续性。R29 社区生活空间在商业体中打造政务服务空间，将便民办证服务中心融入商业体，打通居民与政务的"最后一公里"。

（3）创新的方式

在空间运营方面，R29 社区生活空间利用政企合作、多元主体联合的策略，提出以社区为主导，以孵化培育社区商业为主要动力的发展模式。在具体运营中，锁定居民多维度需求，同时结合项目中公寓和写字楼人群需求，孵化培育成都本土社区商业品牌，增强社区的自我发展能力。街道通过政企资源联动，展开空间内容运营，加强周边居民与 R29 商业发展的黏性，不定期举办人才交流、主题市集、品牌快闪店、主题运动等活动，打造独具社区特色的活动 IP，为社区居民带来丰富多元的高品质体验，也重塑大众对社区生活空间的价值认知。创收资金部分回流社区，反哺社区公共建设和活动组织，助推空间稳定运营。

在公共服务方面，R29社区生活空间引进集成式便民自助终端和智能政务终端，以24小时共享自助打破群众办事8小时限制。R29社区生活空间开发空间运营管理系统，植入天府市民云、微信小程序等网络终端，将生活空间融入城市智慧化服务体系。R29社区生活空间将基础商业功能与社区公共服务功能进行有机嵌合。社区空间内提供有关民政、计生、残联、劳动保障、住房保障、教育统计等11大类69项便民服务。社区空间根据辖区居民和企业的多元需求，用亲民的价格为居民提供便民服务，将24小时自助洗衣区、"童乐fun"儿童托育空间、老年日照中心关爱空间、"锦小牛"爱心空间、共享会议室、24小时自习室等资源串联起来，提升和完善老、弱、病、残、幼、孕及快递小哥、外卖小哥等特殊群体办事群众的体验感和便利度。

（4）影响

R29社区生活空间以15分钟便民生活圈为核心理念，围绕便民服务、商业服务、社区活动三大主题进行运营，承担起美好生活"最后一公里"的重任。其不仅涵盖基本生活需求，还全方位地延伸至休闲、娱乐、政务服务等场景，突出便民特征，增强内部商业的可持续性，日益成为社区基层与居民之间联系的中枢与纽带，开启了未来社区数字新生活。

二　社区公共空间的社会互动

1. 上海市青浦区盈浦街道贺桥公寓

（1）基本情况介绍

位于上海市青浦区盈浦街道的贺桥公寓是一个动迁社区，老年人群体基数大。居委会通过改造楼道空间，有效化解社区治理有关难题。

（2）空间问题的解决

社区居民作为社区治理的重要主体，对于社区公共事务同样具有话语权。但目前更多社区倾向于将居民当作社区公共服务的"享用者"而不是"提供者""参与者"。在公寓里，为方便日常下楼聊天时歇脚，老人们把旧家具堆放在底楼楼道，不美观的同时也会存在安全隐患。但由于前期没有很好地与老人们进行沟通，解决问题的思路主要是采用责令搬走的方式，这影响了老人们日常的活动，因此遭到抵制，也诱发了物业与居民间的矛盾。

（3）创新方式

一方面，社区采用合作改良的方式，旨在平衡空间安全、空间美观和居民期待。在每一个楼道都配置风格统一的新桌椅，巧妙地解决了原本旧家具的堆放问题。另一方面，动员居民参与社区治理。一是发动党员、志愿者等对楼道空间进行定期卫生打扫。二是鼓励居民建言献策，打造楼道宣传栏、照片墙等多个小板块，实现了楼道空间内的自我管理、自我服务。

（4）影响

以解决问题带动实践创造，充分利用楼道空间这一资源，激发居民对楼道空间的共创意愿。在居民的提议下，社区发动大家动手在楼道添置宣传栏，共同开展卫生清洁工作，还顺带破解了过去长久以来社区通知张贴散乱、楼道死角卫生无人关注的尴尬局面。通过将楼道空间打造为新型的功能综合体这一举措，带动了社区居民对社区事务的积极参与。

2. 广州市三元里居民议事会

（1）基本情况介绍

从20世纪90年代开始，很多湖北洪湖籍的人员南下广州务工。由于三元里靠近广州火车站，谋生机会多，90年代的外来务工人员大多选择在三元里街松柏岗社区落脚，从事印刷行业。随后，老乡们投亲靠友，也相继来到这个城中村。随着外来人口数量的不断增加，三元里逐渐形成了"同乡同业群体数量规模庞大"的"人口倒挂"格局。数量庞大且结构复杂的治理对象构成的复杂治理环境给当地带来了一系列难题。

（2）空间问题的解决

空间问题主要源自人口的高度流动性与异质性。对于客居异乡为生活打拼的外来人口而言，不稳定的收入、差异化的地方文化和教育背景使他们不可避免地与本地人口产生邻里矛盾，导致社区邻里纠纷等问题频出，一些居民常常借助社区的种种问题（如家中被盗）表达个人的不满情绪。此外，由于社区人力物力有限，许多公共服务仅仅只能维持在较低的水平，垃圾满天飞的现象让该社区更加出名。外来人口的诉求难以得到回应，社区归属感比较低。

（3）创新的方式

三元里于 2015 年 9 月正式创立"五个一工程"，构建起了由来穗人员党支部、来穗人员服务工作站、融合学堂、社区共治议事会、志愿服务队组成的治理架构。"社区共治议事会"成立填补了外来人口参与属地社区自治共治的制度空白。以第一届议事会为例，共设立代表 13 名，分别是 6 名社区居民、6 名来穗人员及 1 名街道本级委派人员。议事会提供了政府与居民、本地居民与外地居民之间沟通与对话的平台，并按照"一事一议"的原则定期召开议事会议（首个议题为"建设社区微公园"）。

（4）影响

参与是融合的最高形式。社区共治议事会以民生为主要内容，以协商为主要方式，以融合为主要目标，是多元主体在公共空间中对话、共同参与基层治理的表率和典范。因此，三元里获得了"广州市党建十大品牌""基层党建示范基地"等荣誉。

3. 徐州市云龙区昆仑社区

（1）基本情况介绍

徐州市云龙区昆仑社区地处徐州市行政、金融、商业中心区域，属于徐州新城。辖区内商家企业数量多，外来人口、老年人口多，居民整体生活水平与文化水平较高，社区主体多样，对社区服务有更加多元、更高品质的需求。

（2）空间问题的解决

该社区位于徐州市中心区域，属于新城区。辖区内配套服务的建设难以满足居民诉求。一方面，居民整体素质较高且职业多元，对社区服务有较高需求，也具备参与社区治理的能力；另一方面，社区内各项资源丰富，如商企服务资源、专业人才资源等。但目前社区的配套服务仍停留在保基础阶段。一是社工数量较少，难以满足多样化需求，服务能力不强。二是服务资源分散，使得社区场所呈现"空壳化"现象，社区用房没有充分利用起来以满足居民的各项需求。三是社区内的资源丰富，但未得到有效利用，具有发展高品质的共建共治共享空间的巨大潜能。

（3）创新的方式

创新"合伙人模式"，探索构建党建引领下的社区治理"5G社区合伙人"体系，使多元主体参与到社区治理中，实现共建共治共享。主要做法如下。

五类合伙人共建社区。主要通过引入机关单位、商业企业、社会组织（群团组织）、物业以及热心居民，打造"机关合伙人""公益合伙人""商业合伙人""物业合伙人"和"自治合伙人"，将社会各类主体都纳入社会共建中，充分发挥各主体的资源优势，使得社区内各项事务的开展落实能得到各方的支持，共同助力社区建设与服务。

五类共享，盘活社区资源。其一，空间共享，即"合伙人"承诺用服务换取社区空间。由合伙人承诺为社区提供公益或半公益的服务来交换社区场地使用的权限，盘活社区内场所、用房资源。其二，时间共享，组建社区合伙人志愿服务队，社区内各主体通过参与各种社区公益活动获取志愿服务时间，可用于时间兑换，盘活时间资源。其三，平台共享。通过建立群众生活中痛点难点的"需求库"以及"合伙人"资源的"供给库"，合理安排使"合伙人"服务精准对接居民需求，提高资源利用精准度。其四，技能共享。充分发挥社区内主体多元优势，将有专业技能的"合伙人"发展为社区骨干，为社区居民免费提供各项互助式服务，盘活人才资源。其五，知识共享。联合五类合伙人，打造社区教育师资团队，定期开展各类知识活动，盘活知识资源。

激活"合伙人"共治力量。充分发挥社区自治，民众事民众办，充分激发自治活力。例如，借助社区网格化服务，推动"三官一律"（法官、检察官、警官、律师）进社区，发挥专业优势，解决民众生活中的相关诉求，使民生问题在家门口就能得到解决。通过搭建楼栋自治理事会与"网格微协商"等平台，通过民众间的互助解决民众的问题，充分发挥民众自治效能。依托智慧平台"云社区",整合民政、人社等贴近民生的政府职能部门资源,让便民服务通过大数据惠及所有居民。

(4) 影响

由社会多元主体组成社区治理的"合伙人",充分发挥社区内自治活力,既便利了民众生活,满足民众个性化需求,又盘活社区内各类资源,激发社区自治活力。

4. 上海市长宁区仙霞路街道"闲下来合作社"

(1) 基本情况介绍

"闲下来合作社"是由社会组织大鱼社区营造发展中心发起,并得到长宁区仙霞路街道支持的社区友好共建空间。"闲下来合作社"以构建社区友好、团结合作、创造链接为核心理念,为虹仙小区及周边社区居民提供了邻里共享客厅,为本地青年创业创新者提供了新文化阵地。

(2) 空间问题的解决

虹仙小区社区拥有面积超1 000平方米的防空洞。由于防空洞修建于20世纪70年代,设备老旧,因此闲置防空洞难以管理,对社区的卫生和安全管理造成压力。但因规划限制,社区居民缺乏用于活动和交流的文化空间,导致社区活力不足。

"闲下来合作社"项目借助大鱼社区营造发展中心的深厚行业积累和专业人脉,形成了社区空间建设的科学建议与方案。同时,"闲下来合作社"项目也吸收了大鱼社区营造发展中心在上海市其他社区积累的丰富案例和实践经验。

(3) 创新的方式

一是创新开发闲置防空洞空间。"闲下来合作社"首次将闲置防空洞转变为可供社区居民使用的公共活动空间,实现了小区闲置空间资源的高效利用,化解了大型老式社区居民公共活动空间少的问题。二是善用线上宣传推广渠道。"闲下来合作社"借助微信公众号平台,推广线上报名方式,吸引年轻人参与活动。线上宣传不仅增加了各项活动的参与人数,还扩大了活动的影响范围,成功吸引其他社区的居民参与活动,丰富了活动的人员构成。三是以社会组织为主体孵化社区空间。社会组织参与空间的设计、规划和建设，组建专门运营团队做好运营管理和活动策划工作。在地方政府的支持和社会组织的运营下，社区居民不仅成为社区公共空间营造的受益者，还逐渐成为社区活动的参与者。四是"闲下来合作社"关注社区内的代际差异，有针对性地面向各年龄段居民提供相应服务，实现社区服务全龄友好，以此激活各年龄段居民的参与意愿。如社区设置"阿姨驿站"，为钟点工阿姨们提供一个休息和聚会的场所。钟点工阿姨们有了休息和休闲的空间，也更愿意利用空闲时间为社区老人提供缝补和助老等公益服务。

（4）影响

一方面，"闲下来合作社"能够为社区青年提供创新创业的文化空间。本地青年可以借助"闲下来合作社"搭建工作室，开展文化创作。另一方面，"闲下来合作社"能够推动社区居民共建共治共享社区空间。"闲下来合作社"为居民参与公共活动提供平台，满足了社区居民公共交往的需求，调动了居民参与社区共建共治共享的积极性。

5. 深圳市龙岗区"V创空间"

（1）基本情况介绍

"V创空间"基层社会治理特色孵化器项目通过创建平台培育社区内生力量，推进居民参与社区治理，构建共建共治共享的社区新形态。

（2）空间问题的解决

居民参与社区活动不足已经成为社区缺乏活力的主要因素之一。而以居民为主的议事制度能够更好地了解居民的需求，回应居民的需要。

（3）创新的方式

其一，培育社区在地化力量。"V创空间"项目通过培育社区带头人的方式，号召居民参与社区治理。社区为社区带头人提供咨询和辅导，帮助他们掌握参与技能、习得团队沟通合作技巧等。其二，搭建"居民参与空间+居民群组"线上线下参与平台。居民线下参与空间包括参与概述、如何参与、居民行动案例、可获取的资源、参与技能学习五个板块的内容展示，引导社区居民与空间产生连接。线上参与制作了操作工具包，降低了居民参与的门槛和难度。其三，"V创空间"项目有序引导居民由社区治理的旁观者转变为参与者，策划"社区女性心理健康护航""群策群力建和谐家园""社区儿童青少年护卫队"等居民自治项目。

（4）影响

"V创空间"项目一方面广泛收集居民生活议题，解决居民"所急""所难""所困"，及时为居民解决冲突、争议；另一方面，提升居民参与能力。居民掌握了在社区公共生活中所需要的技能以及相关知识，有效提高了居民参与的能力，激发了居民对社区事务的热情。

6. 江苏省无锡市惠山区钱桥街道苏庙社区

（1）基本情况介绍

江苏省无锡市惠山区钱桥街道苏庙社区面积2.5平方千米，现有5个自然村，2个安置房小区，4个商品房小区。

（2）空间问题的解决

苏庙社区地处城郊，社区整合、维护社区稳定、提升居民社区归属感是其进行空间治理的重要任务。

（3）创新的方式

苏庙社区"梦想客厅"探索以社区空间为载体的"3+3+1"自治模式，"梦想客厅"有"3"大功能，即居民参与社区实践、民生服务供给和资源整合交流。有"3"维角度，即趣缘性、协商性和公益性。有"1"个机制，即居民自主运营管理的机制，成立居民管理委员会，专人负责日常管理、宣传、财务等工作。一是为居民提供交往和支持网络，使民主议事和民主协商成为常态。二是为公共问题的解决提供平台和契机，让更多的居民参与到社区治理中来。三是构筑社区文化和居民集体记忆，有效提升了社区居民的凝聚力和整体动能。苏庙社区将多处物业配套用房转化为居民的活动中心，以趣缘关系、公益服务、社区协商为导向，打造居民活动一体化平台。

（4）影响

此公共空间自治模式对于重建公共生活，培育社区公共性，实现敦亲睦邻的社区共同体建设目标有着非常重要的价值和意义。

7. 成都市高新区西园街道檬柏社区巧手家·生活坊

（1）基本情况介绍

成都市高新区西园街道檬柏社区于2020年11月成立，由原檬梓、独柏两个社区及恒大帝景合并而来，与尚雅社区、尚锦社区相邻，地域面积为4.09平方千米。2020年檬柏社区的巧手家·生活坊社区空间打造项目，从社区发展与居民的现实需求出发，以打造"乡村记忆坊"为切入点和更新后的新型社区空间为舞台，通过挖掘社区"巧手"居民社区志愿者，成立"巧手家手工协会"社区居民自组织。

（2）空间问题的解决

檬柏社区是由原檬梓社区等多个农转居安置社区合并而来，居民之间群体集体文化相对缺失，存在居民对城市生活不适应、邻里矛盾易发等问题，社区内也有就业困难、经济困难等群体，需要社区提供帮扶。与此同时，社区治理相对松散，管理体系有待完善。社区内部面临沟通不畅、居民认同感较弱、社区集体动员能力不足等问题。

（3）创新的方式

檬柏社区是典型的农迁社区，因此，居民对于过往的生活场景，如房舍、田地、生产生活用具等仍存有乡情记忆。社区以"乡情记忆"为主题打造社区活动叙事空间，邀请社区成员亲身参与空间决策与打造，累计上百位参与者共同参与"巧手家"小院的建造过程，塑造"乡村记忆坊""体验农场"等社区空间。在这一过程中，共同参与拉近了居民之间、居民与社区之间的距离，正所谓以沟通拉动共识。社区两委和社会组织通过走访调研，以动员党员带头、互荐自荐等方式挖掘一批有意愿、有能力的社区巧手，共同成立"巧手家手工协会"居民自组织，并通过专题培训、个别指导等形式，进行培育与赋能，帮助自组织明确使命和角色，提升能力，助力团队规范化。与此同时，以社区空间为阵地，项目组联合社区链接学校、爱心商家企业等外部资源，联合巧手家手工协会，先后开展非遗糖画、皮雕技能学习、亲子手工、爱心义集、微景观更新、企业参访交流等系列社区常态活动，打造巧手家品牌活动。此外，巧手家公共平台积极链接社区资源，召开党建大融合的两新党建联席会，加强檬柏社区与周边企业单位之间的联系，打造社区两委、居民、自组织、企业、学校等多元主体共同参与的社区治理。

（4）影响

"巧手家·生活坊"项目通过对自组织实施赋能，引导更多居民关注参与社区事务，共同参与运营空间。首先，巧手家手工协会的组织化参与，逐步引导居民建立社区共同体意识，推动社区居民在内的社区多元主体积极贡献力量，在共同参与行动中获得参与感、体验感和成就感。其次，社区充分挖掘居民中的能工巧匠，打造社区农耕文化传承基地，帮助居民实践传承理想，将传统文化、传统技艺与新的生活场景相结合，共同提升发展。该项目通过对居民骨干提供支持和培训服务，不断激励和引导更多社区居民通过巧手家平台参与空间管理与运营，逐步提升农转居社区的自治能力。最后，社区志愿者力量日趋壮大，与社区党委联动提高为居民服务的能力。在社区党委带领下，社区党员、居民志愿者等协同开展社区工作。

三 社区公共空间的设施与服务

1. 上海市定海社区"定海原心学园"

（1）基本情况介绍

"定海原心学园"是上海市杨浦区定海社区和Upbeing（原心社区服务中心）行动派共同打造的社区学校项目。项目将社区整体作为一所学校，以社区居民为服务对象，通过链接社区内外资源，发布项目，引导学生在参与社区治理中共同成长。

（2）空间问题的解决

杨浦区定海路街道是一个城中村（棚户区），儿童和退休老人多，时间相对自由。因此，社区工作人员将教育作为社区活动的主要内容。一方面希望提升社区的文化活动质量，满足居民广泛的精神文化需要；另一方面也希望由此辐射和带动更多年轻人和家庭参与社区治理的过程中。

社区社会组织的入驻和推动为空间问题的解决提供契机。Upbeing于

2018年入驻定海路街道第四睦邻点。他们希望在互动过程中引导居民看到社区的需求和问题，并尝试解决，最终让居民从"被服务者"转变为"社区共创者"。2022年，定海社区在区政府的支持下成立了社区公益基金会，用于社区发展事业。在基金会和居委会等各方支持下，定海原心学园获得了启动资金和活动空间的支持。学园围绕年轻群体需要，将街道的闲置公共空间改造为集教室、工作坊、生态园区、儿童游乐等多功能为一体的共享折叠空间，并且在根据学员们的新需求不断改造和更新。

（3）创新的方式

一是构建系统化社区研学基地。在定海街道社区公益基金会的支持下，定海社区将社区教育活动制度化、系统化，形成了定海原心学园。定海原心学园每年发布春季课程，举办为期两个月的夏校。教育内容包含公共事务参与、可持续生活方式等。学园采取了混龄教育、项目制的形式，帮助学员锻炼、提升自身能力。二是实现学员项目自治，自主管理学园。定海原心学园走过了从校方规划到学员自主组织的管理发展过程，已形成一套完备的项目自运转机制。三是依托线上线下平台，分包式链接社区资源。所谓众包发包，是指在项目策划的过程中，学员们会发现有不少需要的外部资源，便会在线上活动平台上传活动的需求清单，向居民们发布；收到消息的居民们会力所能及地为项目提供对应的资源。四是积极总结可复制经验，打造线上工具包。组织方Upbeing将活动经验总结成为线上可复制模板，将案例插件化、工具化，供定海社区以及其他社区参考借鉴。

（4）影响

项目制实践帮助社区居民自主成长。经过学园教育，每一位参与活动的社区居民都能看见自己的全面成长。强化参与感，促进社区交往。学员们通过参与社区档案调查、自然感官训练等活动变得更加熟络，为社区的长远发展奠定坚实的群众基础。打造社区特色，形成社区凝聚力。学员们通过"定海原心学园"项目在策划过程中自发了解和挖掘社区资源，从而打造具有本地特色的项目。

2. 红河哈尼族彝族自治州弥勒市

（1）基本情况介绍

为响应国家发改委牵头联合印发的《城市儿童友好空间建设导则（试行）》，云南省红河哈尼族彝族自治州弥勒市开展了"从一米的高度看城市"的活动，通过完善城市儿童公共服务体系，推进城市空间适儿化改造，激发公众对儿童成长空间的重视。

（2）空间问题的解决

社区空间设计中相对缺失对于儿童安全、成长环境的考虑。因此依托国家政策，将儿童视角纳入空间设计中来，推进社区空间适儿化改造。

（3）创新的方式

一方面，打造适儿化空间。福地社区完善儿童友好设施建设，通过在社区配备儿童乐园、活动中心、心理健康咨询室等设施，保障孩子在社区安全健康地快乐成长。弥勒市消防局也通过适儿化改造，在办公区的墙面上绘制与消防安全相关的漫画，让孩子们在娱乐中学习到知识。另一方面，听取儿童议事员的声音。儿童议事会为儿童参与社区治理提供了一个平台。在社区公共空间的改造过程中，儿童议事会的代表将儿童的看法与思路传播给社区管理者，拓宽了管理者的视角与思路。

（4）影响

一方面，重视满足儿童需要的空间配套设施；另一方面，为儿童参与社区治理与互动提供了良好的空间与环境。

3. 成都市蜀都新邨社区科学美空间

（1）基本情况介绍

蜀都新邨社区科学美空间是成都工业学院与蜀都新邨共同打造的新型社区空间。自2019年改造升级以来，蜀都新邨社区科学美空间以科学教育实践活动为主导，通过高校、社区、教育企业多方联动，为社区居民提供科普展览和课后科技课程服务。

（2）空间问题的解决

随着"双减"政策的深入推进，社区对于科学教育空间和课程资源的需求增加。成都工业学院也积极探索如何把高校科普教育资源下沉，培养具备双创能力的新型技术青年。蜀都新郫社区科学美空间为提高校园科普教育质量、落实"双减"政策提供了发展阵地。

（3）创新的方式

一是以科学教育为主题，面向儿童创新。不同于以往社区空间的打造，蜀都新郫社区科学美空间（下简称"科学美空间"）聚焦科学创新，将青少年科普教育落实到社区尺度。科学美空间以参与性、互动性、体验式科学教育实践活动为主导，开展全景化系统性教育活动，至今已累计开展活动1 000余场。

二是加大投资完善设施，提供综合一体化科创功能。科学美空间不仅在空间设计上具有浓厚的现代科技感，在设施设备和功能上也极为完备。科学美空间不仅配备了无人机、穿戴式机械装甲等新兴科技产品，还内置了智造车间、飞天学堂等多个功能区域，让青少年不仅能接受科技氛围熏陶，也能亲身接受技术教学。此外，科学美空间也将联动学校，承担科技创新成果孵化、举办青少年科技创新大赛等任务，称得上是"社区门口的科技馆"。

三是高校进社区，落地优质科技教育服务。科学美空间采取校地合作的形式，由成都工业学院和新郫社区合作建设，实现了高校科普教育资源下沉。科学美空间通过联动高校学生实践基地、科普教育企业，在当地首次开设了STEAM、机器人拼接等热门课程作为课后托管和暑期的实践课程，支持学校和家庭的创新教育，有效满足了辖区青少年的精神文化需求。

四是乘大型活动东风，受政策支持鼓励。以承办2023年世界科幻大会为契机，成都市郫都区积极举办各类科幻主题活动，强化创新引领。为此，郫都区精心打造主题科普场景，着力创建全国科普示范区。2021年，蜀都新郫社区科学美空间成功入选成都市首批10个"科学美空间"名录。

五是社区科教资源富集，创新基因丰富。成都市郫都区是西南科创高地，辖区内聚集了电子科大、西南交大等21所高校，累计与11所高校院所建立技术战略合作关系，科创氛围浓厚。近年来，郫都区着力把科技创新、科学普及转化为引领发展的第一动力，为科学美空间的营造和发展提供了优良的物质基础和资源条件。

（4）影响

一方面，补充教育缺口，助推"双减"政策落地。科学美空间创新探索，将社区空间建设成家庭教育社区科普补给站。这不仅寓教于乐，有助于提升青少年的科学素质；也成为儿童课后、周末的新去处，有效缓解了"双减"政策下学校和家长的教育压力，更好地服务于地方居民需求。另一方面，带动科创氛围，打造社区治理品牌。科学美空间通过家门口的科普服务，使得郫都区特色科技活动品牌深入人心。科学美空间作为基层科普阵地，让创新基因从活动中融入青少年血脉。作为郫都区科幻主题活动的重要一环，科学美空间和其他场馆一道构造了郫都区科幻场景集群的一部分，共同塑造了成都市的科创标签。

4. 上海市长宁区"粟上海·公共艺术与社区营造计划"

（1）基本情况介绍

"粟上海·公共艺术与社区营造计划"由刘海粟美术馆发起。该计划以"粟上海社区美术馆"建设和运营为载体，将美术馆汇聚的艺术资源有机转化，为公共艺术教育提供样本。

（2）空间问题的解决

社区美育成为社区治理新内容。社区美育的实现不仅依托个体的美学教育过程，同时还可以通过社区空间设计来使社区居民接受美学熏陶，提升其生活旨趣。

（3）创新方式

居民能够沉浸式体验身边的艺术，拉近了居民和艺术之间的距离。在空间设计方面，除了传统的展览和文教功能之外，还建设了乐活空间、综合剧场等，旨在打造面向居民的艺术体验空间。

（4）影响

该计划搭建居民参与艺术活动的桥梁载体，推动社区美育的发展，满足居民的精神文化需求，培育居民的社区认同。

5. 上海市杨浦区五角场街道康健社区创智农园

（1）基本情况介绍

创智农园位于上海市杨浦区五角场街道创智天地园区西侧，占地面积 2 200 平方米，是由瑞安创智天地支持，上海市区政府联合"四叶草堂"设计师团队打造出的上海市第一个位于开放街区中的社区花园。

(2) 空间问题的解决

老旧小区公共空间治理向"政府引导、专家指导、居民主导"的方向发展，引导地方展现出独特的精神风貌。以什么样的理论指导空间营造则变得尤为重要。参与式社区花园建设为可持续的社区景观营造提供了新的尝试。

(3) 创新的方式

创智农园以社区公共绿色空间为载体，在不改变现有绿地空间属性的前提下，提升社区居民参与度、优化景观设计与生态环境、构建社区和谐人际关系，以共商、共建、共治、共享方式进行园艺活动和社区环境提升。首先，依托自然景观建立社区吸引空间，以社区公共绿色空间为载体，以都市农耕体验为主题，构建充满互动性的都市农园空间。创智农园设计团队与"自然种子"团队合作打造蝴蝶花园，基于园区内种类丰富的本地蝴蝶特征，设计蝴蝶生态游径，形成具有吸引力的自然主题建筑。其次，针对社区生态教育空间比较稀缺的现状，农园鼓励居民种植蔬果类及乡土类植物，将可持续理念和能量循环利用的实践和科普融入花园的各个细节中。比如，举办"社区花园节""有机市集"等活动让居民在社区中拥抱自然。自然教育场地鼓励居民主动观察自然、参与到各项活动实践中，在接触自然的同时探索新的公共空间管理模式。最后，创智农园在实践中塑造参与式景观营造方式，采用工作坊形式组织社区花园运营维护，为花园的可持续发展奠定坚实的组织基础。引入社区花园学校等培育机制，发动党员先锋队和社区居民合作共学共建，以实践学习、系列工作坊活动的方式完成社区花园的营建活动。此外，线下团队依靠花园共建平台，推出"社区花园伙伴计划"，帮助当地居民再就业，将人与人、人与自然、人与空间有机地联结在一起。

(4) 影响

社区花园让原本闲置的空地变成可以承办、链接多种活动的社区空间，充分开发社区闲置土地潜力，提升社区资源利用效率。创智农园在整个建设过程中最大化地动员公众参与，充分结合多方建议、达成共识，也让居民在参与中重塑社区认知，理解并参与生活场景的更新改造。社区花园将闲置土地改造为舒适的自然绿地，并依托绿地空间提供自然观察、农事体验等自然教育活动，为居民提供在身边亲近自然的机会，提升社区的宜居性和幸福感。依托社区花园，社区构建了创智农园社区共建群。社区花园的共治共享有效化解了社区内部矛盾，并加强了外部与周边结构、组织的链接。

6. 南京市江宁区秣陵街道双金社区四点半课堂

（1）基本情况介绍

双金社区位于江苏省南京市江宁区秣陵街道中部，下辖11个居民小组，共26个自然村。社区内部人员较为密集，社区创新地利用空闲办公室为社区内双职工和困难家庭提供暂时照护孩子的空间。

（2）空间问题的解决

一是通过将社区工作私有办公室空间改造为公共社区课堂空间，实现从私有区域到公共化共享盘活闲置资源，优化空间利用形式，实现空间功能上的创造和补充，解决职工上班与孩子放学的时间差问题。二是改变传统的社区治理模式下居民参与度较低的状况，将四点半课堂作为连接点，创造充满活力的空间，孩子从中得到充分的锻炼和提升，长大后成为志愿者反哺社区，促进社区居民之间的交往和互动，增强社区的凝聚力和自治意识。

（3）创新的方式

四点半课堂将办公室改造成为课堂的同时，根据教育需求不断地对课堂进行改造和升级，先后建设电子阅览室、活动室，并引入电脑、VR眼镜、航拍无人机等设备，征集志愿者开设了科学实验、厨艺比拼等兴趣课堂，在满足孩子知识需求的基础上培养其课外兴趣。此外，孩子们在一起上课，家长们下班在四点半课堂接送，把不同年龄段社区居民聚集起来，提高了社区居民之间的交往频率，促进和谐社区的形成。

（4）影响

四点半课堂从解决"真空期"出发，降低孩子放学后无人看管照顾所带来的潜在社会危险的同时，帮助他们丰富课余生活、促进全面发展。而人群的聚集自然而然促成不同职业、年龄和文化背景的社区居民之间的互动和交往，打破年龄和职业的壁垒，从而增强社区居民对彼此的信任，提升今后社区事务的居民参与度，营造和谐社区氛围。

7. 杭州市大关·Home 党群服务中心

（1）基本情况介绍

大关·Home 党群服务中心位于杭州市拱墅区香积寺路 265 号，由大关街道自行建设，是整体外观设计融入复古红砖建筑风格的公共建筑，建筑面积 967.73 平方米，上下共 5 层。

（2）空间问题的解决

一方面，传统的党群中心以单一功能为主，缺乏公共空间的设计和规划，无法满足居民多元化的需求。大关·Home 党群服务中心突破过去党群服务中心的设计，参照商业中心的规划，在纵向空间上延伸，为多种功能活动室提供物理意义上的空间，使得此公共建筑成为具有开放性、多功能性的空间，满足居民多元化的需求。

另一方面，传统的空间往往由政府主导管理，缺乏多元参与主体且相对单调，难以优化升级。大关·Home 党群服务中心的建设探索公共空间多主体参与的新模式，创造了一个居民与服务提供者、商户、公益组织之间相互交流、共同协作的街区小生态圈。

（3）创新的方式

大关·Home 党群服务中心利用党群服务中心作为街道内的重要公共场所的定位，借鉴购物中心的设计理念，对党群服务中心的定位进行优化，设置"百姓会客厅""百姓陈列馆""党史展陈廊""统战之家"等多个功能区块。比如，在"百姓会客厅"中，居民可以参与各类文艺演出、小型会议等活动；在"百姓陈列馆"中，居民可以了解到大关街道的历史文化和社会进步，增强文化自信；在古琴艺术工作室中，居民可以学习和欣赏传统音乐文化等。

此外，街道与党群中心还增加红色宣讲团、古琴艺术工作室等不同服务业态，与周边国企共引进 2 家商户，租赁 4 间店面，同时引进公益理发和公益影印等公益组织，在打造具有传统的政务服务、社区党建、文化娱乐等功能综合性公共服务场所的同时，吸引产业进入空间形成具备多功能的生态圈。

（4）影响

大关·Home党群服务中心的建设通过提供各类政治、文化、体育等多种服务，丰富周边居民文化娱乐与日常生活的选择与层次。在经济发展层面，吸引商家的入驻，进一步提升周边商业区的发展。通过积极引入公益组织和社区志愿者等力量，组织开展各种志愿服务活动，提升居民的幸福感与获得感。不同主体之间的互动和交流在提升公共空间的活力和吸引力的同时，增强社区居民的参与感和归属感，形成更为和谐的社区关系。

此新型公共空间建设模式不仅能够提供更为多样化和优质的服务，还能够实现自我运营和自我维持。同时公益性与市场性相结合的模式也有助于小生态圈内吸引更多的社会资源和力量参与到空间建设中来，形成更为广泛的社会共识和合力。此新型公共空间模式具有很强的可推广性和可持续性，可以为其他城市的公共空间建设和治理提供新思路和新方案。

四 社区公共空间的更新与运营

1. 上海市新华路街道"睦邻·微空间"

（1）基本情况介绍

"睦邻·微空间"项目是上海市长宁区新华路街道为解决当前街区交往空间不足而推动的项目。"睦邻·微空间"项目在设计上充分考虑老年居民需求，通过推动线上线下空间设计融合的方式，实现交往、互动、阅读、展览等功能的集合，为社区居民活动提供支持。

（2）空间问题的解决

一方面，希望解决人车不分流的公共空间安全隐患。改造前，社会交往空间多集中在街道上，过往车辆导致交往空间的危险性上升。新华路街道希望通过公共空间微改造，为居民提供安全、开放的交流空间，促进邻里关系的发展。另一方面，上海市和长宁区政府提供政策支持。长宁区于2017年年初率先在上海市推出城市更新总体方案，将城市更新确立为地区发展战略。2022年年初，长宁区根据上海市"美丽街区、美丽家园、美丽乡村"的建设要求，全面实施创建"美丽街区"两年行动计划，其中包括要重点打造"人文新华"示范街区。这些城市更新和街区建设的政策方案，为新华路街道"睦邻·微空间"改造项目提供了良好的政策环境。

（3）创新的方式

首先，以在地式陪伴和参与式设计为改造理念，提供适老化设计。建筑师在开展"睦邻·微空间"项目过程中，将自己作为本地居民的观察体验、将自己与社区居民的沟通结果融入空间设计中，保障微空间改造更加贴近社区居民生活。如"睦邻·微空间"采用全玻璃推拉门，通过透明化的空间呈现，满足了老年人对街道日常生活事务的好奇。此外，社区微空间改造不仅设置了休息座椅，还提供了公共书架、共享轮椅等具有公共功能的设施。

其次，塑造合适的网络公共空间。在"睦邻·微空间"项目的推动过程中，大鱼社区营造发展中心重视线上信息交互平台的建设，先后打造新华路街坊微信群、"新华Now"社区行动平台以及微信公众号。通过线上信息交互平台，社区能够征求邻里意见，并实现社区资源与服务的高效链接以及公共空间的复合利用。此外，借助线上信息交互平台，社区能够将信息对外传播，引起更多居民对于社区事务的关注。

再次，依托专业化组织进行本地运营。"睦邻·微空间"项目是社区与地产开发商万科的合作项目。因此，上海万科会安排2—3名工作人员轮流前往微空间，负责卫生清洁。此外，工作人员还会与社区老年群体交流，并根据居民需要添置物品，或将居民建议向上反馈给有关部门。

最后，通过社区象征空间营造，塑造社区价值观念。新华路街道借助"城事设计节"活动，吸引居民参与线上线下公共讨论，以此鼓励各年龄层的本地居民关注和参与未来可能的公共空间改造。此外，社区还创办了社区杂志《新华路》，以及杂志、摄影展等文化共创活动，挖掘社区内的社会资本和文化资本，构建社区公共事务的能动性力量。

（4）影响

一方面，提供了新型交往空间。"睦邻·微空间"项目通过对公共空间进行符合居民需要的设计，为社区居民提供了可以安全停留且友好开放的公共空间，有助于推动社区居民塑造友好的邻里关系，促进社区居民的友好交往，推动社区居民参与共治共享。另一方面，提升了社区居住品质。"睦邻·微空间"改造不仅使社区空间在视觉上得到美化升级，还满足了居民对基础设施、文化活动的需求。专业团队的加入也使得社区微空间成功承接大量文化活动，帮助社区居民在步行距离内得以享受高品质的社区服务。

2. 北京市朝阳区双井街道"微空间·向阳而生"

（1）基本情况介绍

"微空间·向阳而生"井点空间改造项目是由北京市朝阳区双井街道九龙社区开展的公共空间改造项目。双井街道以朝阳区"微空间·向阳而生"小微空间改造项目为契机，探索出"社会力量出资、责任规划师出智、各级政府出力、人民群众满意"的城市更新改造模式。九龙社区从居民诉求入手，以责任规划师主导，在收集居民意见的基础上，完成了对"井点一号""井点二号""井点三号"的改造，实现空间美化升级，将闲置空间转变为"街道会客厅"，以解决社区治理问题。

（2）空间问题的解决

双井街道希望改变社区空间闲置或利用效率低的现状。井点空间在改造前处于年久失修、无人管理的境况，不能有效发挥场地的使用潜力。如"井点一号"曾是一片约300平方米的空地。空间为硬质铺装，高出地面约半米，仅有一处楼梯入口，空间内仅放置少量健身器材。因此，该空间少有居民愿意使用。在此背景下，2019年年底，北京市规划自然资源委朝阳分局联合中社社区培育基金、朝阳区民政局等主体，共同启动了"微空间·向阳而生"项目，希望试点探索"社会力量出资、责任规划师出智、各级政府部门出力、人民群众满意"的城市更新改造方式。这一由上级部门大力支持并推动的"微空间·

向阳而生"项目为双井街道开展井点空间改造提供了坚实的政策支持和充足的财政资源。

(3) 创新的方式

一方面,创新设计理念,融入美学旨趣。九龙社区在改造过程中为空间增加打卡和美学要素,提升空间吸引力。在"井点一号"改造中,九龙社区在康体设施外安装新潮的不锈钢装置,不锈钢装置通过镜面反射,能够实现对国贸天际线的"打卡",吸引不同年龄段的人前往游览、拍照,提高了空间的人流量和使用者的多样性。另一方面,活用责任规划师制度,提升社区居民参与度。九龙社区充分发挥责任规划师制度的优势,以朝阳区双井街道责任规划师"葵花籽儿"城市象限团队为主导,在从设计到施工的全过程中组织七场公众参与议事会,邀请居民共同参与选点、设计、植物品种和场地命名、居民公约制定等各个环节。

(4) 影响

其一,显著提升公共空间的整体活力和群众包容性。通过井点空间改造,低效单一的社区健身空间转变为能够承载老中青年、儿童、残疾、外卖员等多元群体开展休闲娱乐活动的"街道会客厅",充分满足了社区需要。其二,通过社区美学营造,实现社区环境美化。在井点空间改造中,九龙社区对基础设施进行了翻新和优化,增加了艺术装置和设计元素,提升了社区空间环境的美观度和整洁度,增强了社区居民的幸福感和满足感。其三,优化空间定位,提升空间效能。井点空间改造将闲置空间由单一功能的空间转变为能够为居民提供便民服务、娱乐休闲、议事畅谈的公共服务中心,充分提升了社区空间的利用效率和使用效果。

3. 珠江琶醍啤酒文化创意艺术区

(1) 基本情况介绍

珠江琶醍啤酒文化创意艺术区由珠江啤酒旧厂区改造而来。该空间改造项目将商务、旅游、美食以及时尚等产业相融合,将原本废弃的旧工厂打造成一个具备多元化、具备现代艺术的高端娱乐场所,使得该地区成为文创潮流的打卡地。

(2) 空间问题的解决

自 2010 年珠江啤酒将生产线搬迁至郊区后，遗留 2.7 万平方米的旧厂区便一直闲置。由于该地区紧靠珠江新城，地处沿江一线，具备极高的商业开发价值。

(3) 创新的方式

一是生产厂间与艺术相融合。在酒厂搬迁的过程中还遗留着水塔、发酵罐等具备酿酒特色的工业建筑，设计师在改造的过程中，将原本的包装厂房变为演艺厅、将货运码头改造为餐吧，将工业与艺术相融合，提升了游玩价值。与此同时，在改造过程中，设计师在新建设的服务配套设施中也融合了酿酒工艺的设计，不仅保留了原本的工业符号，还打造出了别具特色的公共空间，提升了酒厂整体的美感。

二是文化与多元产业相互融合。珠江琶醍啤酒文化创意艺术区主打的文化便是"啤酒文化"。在建设过程中，不管是餐吧、广场的设计还是啤酒文化博物馆的建设都体现出了浓浓的"啤酒文化"的价值，使得珠江琶醍啤酒文化创意艺术区的建设不仅是一个单纯的商业场所，更是广州市"啤酒文化"的体现，让该地区成为公众文化消费的重点场所。

(4) 影响

美化了当地的公共空间环境，将原本废弃的旧工厂合理利用打造成了极具特色的文化、艺术的高端娱乐场所。提升了地区的经济价值，原本废弃的旧工厂价值较低，但珠江琶醍啤酒文化创意艺术区的建设极大地提高了原本地块的经济价值。

4. 上海市蕰藻浜滨江公园

(1) 基本情况介绍

蕰藻浜作为宝山的母亲河，自百年前的吴淞开埠便成为当地最为主要的交通枢纽，沿岸货运码头以及仓储工厂较多。

(2) 空间问题的解决

随着城市的不断发展，当地原本的货运、仓储行业逐渐被高新技术产业替代，居住人口的增加以及环境的破坏使得空间转型升级的需求日益迫切。

（3）创新的方式

首先，完善基础道路建设。在空间规划与设计时，设计者在确保蕰藻浜岸线防洪防汛安全的前提下，尽可能地拓宽滨江空间，构建起了以"步道＋跑道＋骑行道"互通互联的交叉网络，确保居民在滨江公园游玩时的互通性。

其次，满足居民需求契合园区发展。在满足"15分钟社区生活圈"的要求下，滨江公园通过整合蕰藻浜岸侧有限的纵深空间，修筑起了以体育健身和文化活动为主的基础设施。通过提供多元化的活动场地，满足各年龄段居民的不同需求。

最后，打造城市人文景观绿链，留存记忆保存本地特色。滨江公园依托宝山本地的特色文化塑造了具有滨水特色以及与科创主题相关联的场所。在空间改造时，保留了部分桥梁、升降机等工业遗迹，保存了当地的特色与记忆。旧建筑与新建设的设施形成了强烈的反差，塑造了新的文化与艺术的品牌，提升了空间的趣味性与辨识度。

（4）影响

滨江公园建设在确保河流防汛防洪功能实现的同时，保障了沿岸居民的生活安全，美化了环境，为居民提供了休闲服务设施。

5. 北京市永定河左岸空间改造

（1）基本情况介绍

北京市永定河左岸位于首钢园区与北京永定河之间，沿河呈带状，靠近首钢滑雪大跳台，是北京冬奥森林公园建设的组成部分。由于附近众多工业遗址，空间改造前算是与城市格格不入的废弃荒地。改造后的空间承继工业文化、永定河流文化，同时被赋予冬奥内涵，成为可供居民生活娱乐的滨水绿地。

（2）空间问题的解决

由于经济发展与城市规划的需要，永定河左岸大部分重工业停产搬迁，诸多工业遗址、铁路旧址、老厂房围墙和建筑垃圾等遗留下来，显得此处公共空间较为破败，与城市适当割裂，影响城市美观。作为北京冬奥的核心区，此处公共空间的合理改造具有重要作用。并且此处文化资源多样，集永定河历史文化、工业文化、奥运文化等于一体，如何在改造中同时彰显地方文化、服务冬奥、促进产城融合、便利民众生活等是较大难题。

（3）创新的方式

首先，坚持"轻建设，重运营"理念，充分利用存量空间减量发展。在改造中坚持集约用地与微更新，拆除新首钢园区与永定河岸之间的围墙，重点联通永定河与新首钢园区，精准提升存量空间利用率。工业旧址在保留特色的基础上，对其进行绿化改造，增加服务设施，为市民提供特色休闲娱乐场所，增添教育区域，为中小学生提供户外生态教育空间。其次，挖掘资源禀赋，打造特色景观。根据场地特性，结合民众需要，分区域打造空间景观。充分发挥工业、铁路等旧址特色，融合冬奥文化，建设特色工业展示区和冬奥公园，展现文化底蕴。与此同时，结合周边居民对文化生活、休闲娱乐、儿童活动等需求，完善建设文化体育活动设施、儿童活动空间、文化展示区等，打造覆盖全年龄段的特色休闲空间。

（4）影响

北京市永定河左岸空间改造优化了北京冬奥森林公园的整体建设，提升了空间品质，为人们提供了适合休憩放松的滨水绿地空间，让民众共享发展成果。这也是旧城更新、保护文化的成功案例。

6. 重庆市万州吉祥街

（1）基本情况介绍

吉祥街位于重庆市万州区新老城区的交界处，其前端连接着现代街区与新兴商业，而末端则联系着原本的老旧小区。由于万州区地处山区，城区坡度起伏较大，吉祥街因此呈现出扁平状高落差的特征。

（2）空间问题的解决

万州区的老旧小区充满着破败杂乱的老街巷，因此万州市政府希望通过吉祥街的改造升级为万州区的城市旧改打开局面，保障老城区的生活化气息。吉祥街整体的居住环境较为恶劣、道路较为狭窄，且乱停乱放的现象时有发生，严重影响了该地区的市容市貌以及民众的生活。

(3) 创新的方式

打造立体化公共空间。在空间设计时，吉祥街保留了原本的空间结构以及树木，通过增加凳子、书吧等方式为居民们提供了互动交流的场所。同时，月光剧场、城市书屋等一系列基础设施的建设也为城市增添了一定的人文气息。此外，空间设计中引入时尚元素，让新与旧、时尚与复古在吉祥街交融，吸引年轻人的到来，维护老旧小区的生活气息。

打造"点状"的商业业态。不同于其他老街片状的商业模式，吉祥街采取的是"点状"的商业模式。通过对临街建筑的改造与维修，打造网红小店吸引人流量。此外，"点状"的商业模式也为打造灵活的市集提供了足够的公共空间。地摊经济的加入为老街注入了活力与热情。

融入历史文化打造人文景观。吉祥街的改造将历史文化融入街边的墙体景观，让居民在散步时能够产生共鸣，而这些景观成为连接新老记忆的纽带。月影墙的打造则突出了万州区江面月影的变化，通过科普月亮的阴晴圆缺唤起万州市民的乡愁与回忆。这种将文化记忆融合于公共空间的方式让整个地区充满着人文气息。

改善临街底商外墙。在改造的过程中，将原本视觉上的脏乱差临街底商外墙进行了饰面改造，通过保留建筑与大树的关系以及与万达商业建筑的对比状态，引入文创休闲业态，延伸外摆空间，保留原本街巷的真实性以及对比感。

(4) 影响

在提升空间品质的同时保留了历史街区的文化气息，实现了现代化改造。

7. 深圳市中英街

(1) 基本情况介绍

中英街位于中国香港与深圳市的交界地带，曾经是连接内地与香港地区的重要枢纽。但随着时代的发展，中英街内部公共空间碎片化、公共基础配套设施不足等问题逐步显现。针对以上问题，该街道开启了融历史文化、生态保护、旅游开发于一体的改造模式。

（2）空间问题的显现

中英街存在空间碎片化和基础配套设施不足的问题。

（3）创新方式

一是保护历史文化线。针对该地区有大量如中英街界碑等历史文物，在空间规划时通过引入张拉膜系统实现文物的静态保护，同时提升游客的步行体验，实现双赢。二是打通公共生活线。中英街原本公共空间的规划与设计较为零散。在改造更新中，采用了开放的立体街区的模式，借助社区内部的路网以及房屋通过曲线连桥等方式将整个社区变为一个整体，以保障社区居民沟通渠道的畅通，实现内部公共空间的最大化效用。三是打造滨海景观线。中英街面朝大海但其景观呈现单一直线布局，空间景观有些乏味。因此，在改造滨海景观线时取消了原本的硬质铺装，采用立体手段打造出亲水活动空间。在此基础上，中英街还在滨海景观线打造了新型区域地标——海角剧场，通过悬浮的环道让居民、游客更好地与大海互动。与此同时，深港艺术公社的设计则通过建设一个通透、开放的园区，让建筑、游客与大海产生更为直接的互动，树立了城市与海的互动典范。

（4）影响

中英街的改造强化了深圳与香港的双城联络，实现了社区内部空间的改造升级以及互联互通，使得公共空间的价值实现最大效益。同时，景观提升和地标建筑也加大了该地区的关注度，使得更多的游客前来参观游玩。

8. 上海徐家汇乐山社区

（1）基本情况介绍

乐山社区位于上海市徐家汇中心的西侧，是20世纪80年代从棚户区改造而成的高密度老旧小区。整个社区生活服务设施较为完善。但由于原本规划的建设标准较低，整个社区除了几条道路以及中心绿地以外基本上没有其他可用的社区空间。

（2）空间问题的解决

徐家汇的集聚效应使得该社区吸引了大量年轻人以及企业流入。

乐山社区逐步转型为综合型服务性街道，其不断增设相关服务设施以及商业配套。在仅有的几条街区道路上，车辆随意停放、生活垃圾未能及时处理，严重影响街景街貌和居民的日常生活，因此亟须对其进行改造。

（3）创新方式

针对当前社区区位环境改变、人口结构变化以及街道较为拥挤等问题，乐山社区对已有的空间进行了调整，具体方式如下：

首先，内收围墙拓宽街道。设计团队与街道工作人员在对群众做足、做好思想工作后，将原本小区的外墙进行内收，为街道的拓宽改造提供空间。在各方努力的配合下，街区道路得以拓宽，并加装了雨棚、照明设施、座椅等公共设施。

其次，美化街角提升人文气息。乐山社区内部有许多路网交错而形成的街角。社区规划师在规划中将这些角落变成了公共交流场所，形成乐山漫步道中的驿站。

再次，融入艺术增添乐趣。为提高乐山社区整体的视觉感受，设计团队将色彩调整赋予属地化艺术气息，在商业、小学等重点地区依据徐家汇中心的主体颜色进行修改，使得整个社区形成具有立体感的视觉效果。与此同时，设计师依托徐家汇丰富的历史文化将历史人物与艺术创作融入街区道路美化。居民们阅读人文展墙上记载的故事、欣赏艺术墙绘，让行人与道路的互动变得更为频繁。

最后，改造重点公共设施。作为乐山社区公共交通的枢纽，26路公交车站原本一直是乐山社区最为拥挤的地方之一。设计师一方面通过拆除围墙等方式释放了空间；另一方面，改造车站等候区为候车人、清洁工提供了休息的场所。中心绿地作为乐山社区原本的社区公园由于建成时间较长，出现了植被衰败、设施老化等问题。设计师依据当前社区的人口结构将其改造成中心绿地，增加了儿童乐园、体育健身设施、剧场以及喷泉等设施，满足了全年龄段居民的需要。

（4）影响

乐山社区在实现社区空间美化的同时满足了不同年龄段居民的需求。

9. 广州市永庆坊

(1) 基本情况介绍

永庆坊位于广州市荔湾区恩宁路，被誉为"广州最美老街"。永庆坊通过微改造（分为一期工程和二期工程），实现从破旧的居民区向现在传统与现代碰撞的最美老街转型。

(2) 空间问题的解决

广州市拥有大面积的低效存量土地资源，大约占据建设用地的1/3。城市更新成为提高中心城区土地利用效率的重要方式。在问题解决过程中，政策不再局限于城市更新，而是兼顾保护文化、产业升级；不再搞一刀切的大拆大建，而是结合本地特色资源分类施策。这些举措在促进人居环境提升的同时，推动历史文化传承与活化。

(3) 创新的方式

一方面，永庆坊采用"政府主导、企业承办、居民参与"的方式进行空间更新。最开始的思路是大拆大建，没有很好地考虑民众诉求，因而遭到了当地居民的极力反对，改造项目因此搁置。随后调整改造方式，居民和企业参与进来，各方诉求均得到较好的满足。另一方面，永庆坊基本保持了原有建筑轮廓不变，与此同时引入创客空间、文化展览等具有现代气息的要素，从而使得传统与现代得以结合。

(4) 影响

2018年，习近平总书记前往广州调研，首站便是永庆坊微改造项目。他对永庆坊的做法给予高度肯定，并强调："城市规划和建设要高度重视历史文化保护，不急功近利，不大拆大建……更多采用微改造这种'绣花'功夫，注重文明传承……"在此思路下，广州市城市更新形成了一批成功案例，如黄埔古村微改造推进古村保护。

10. 上海市新华路街道"新华·社区营造中心"

(1) 基本情况介绍

上海市新华路街道贯彻落实"15分钟社区生活圈规划"等工作要求，与大鱼社区营造发展中心合作，建立"新华·社区营造中心"。"新华·社区营造中心"通过空间打造、社区参与、社群内生激发、创新行动孵化等工作，促进社会创新，形成多元主体可持续的共建、共治、共享机制。

（2）空间问题的解决

2021年上海城市空间艺术季提供了契机。新华路街道因其丰富的历史资源和多样化的街区功能，成为上海最有魅力的生活圈样本，并成功获得上海市第一批"15分钟社区生活圈规划"的试点资格。与此同时，社区空间闲置和治理难题倒逼社区创新治理方式。新华路街道中存在五栋由90年代的产业园区建造的临时建筑。这些建筑因证件过期且超期使用，导致出现权责不清等冲突矛盾。2021年，新华路街道与无证房屋所属企业达成共识，决定形成联合政府、房屋所属企业、社会组织的多方合作框架，以此活化公共空间。这一想法推动了"新华·社区营造中心"的建成。

（3）创新的方式

一是建立线上线下衔接、内部外部联动的支持系统。"新华·社区营造中心"定位为社区的支持中心，以推动建成"人人参与营造美好社区"。具体而言，"新华·社区营造中心"与"15分钟社区生活圈"的空间网络相叠加，实现线上线下衔接、内部外部联动，帮助社区居民对接外部专业力量和高校等资源，并基于数字徽章系统小城区Comupage，搭建数字化社区黄页。

二是开创性地提出并使用"一平米行动"空间利用模式。"新华·社区营造中心"开创性地提出"一平米行动"的空间利用概念，以小型化、轻介入的方式，在"友好性、可持续性、创新性"等宗旨下，由社区居民主动发现社区议题，并与专业支持人士合作组队，开展共创共建项目，以此实现议题落地。2022年，"一平米行动"以"韧性社区"为主题，推动11个提案落到实处，且每个提案的实施经费不超过5 000元。"一平米行动"实现了包括亲子共建自由游戏场、残疾人友好的无障碍地图、为社区商业造点烟火气的商户支持行动、跨代际沟通的长者脱口秀等在内的数个创意活动。

三是搭建"社造工学系统"。"新华·社区营造中心"项目通过研发系统化的社区营造课程，赋能社区设计或社区营造的专业人士，不仅成功激发社区内部居民的主动参与意愿，还通过支持自主学习、项目制学习、驻地实践等方式，以共学为驱动，吸引社区外部的专业人员和关注人士的参与。

四是提供社区创新的本地空间。"新华·社区营造中心"依托共学场、实践场等区域设置，既保障空间营造行动的动态、连续和开放。具体而言，"实践场"通过模块化的装置设计，为创业者提供开放、弹性、可变且搭建维护成本极低的公共空间；"共学场"通过陈列各领域书籍、根据联合国可持续发展议题收集国内外创新案例、工具包和资源档案等，支持创业小团队或行动小组入驻社区进行创业和实验。

（4）影响

一方面，促进并支持社区创新活动。"新华·社区营造中心"通过营造开放、友好、共创的环境，吸引了许多与世界潮流紧密相连的创新型活动落地新华社区。同时，这些丰富的社会、文化、经济活动也带动了各类社会创新议题的行动者与新华社区形成合作关系，为社区发展提供更多可能性。另一方面，提高社区居民的参与水平和能力。"新华·社区营造中心"通过开展丰富、共享的社区活动，为新华社区的居民提供了广泛的交流平台，并成功连接社区内的各家庭，强化社区内部的联系与互动。

11. 成都市玉林东路社区驿站"巷子里"

（1）基本情况介绍

"巷子里"位于成都市武侯区玉林三巷尽头处玉林街道玉东社区的活动中心，外观为透明的现代化玻璃房，弧形顶棚搭配木头架子，线条流畅，对面为玉东社区群团工作站、睦林科普园、心理健康辅导站、助老理发屋。

（2）空间问题的解决

社区公共空间规划需要考虑群体本身的异质性，回应不同年龄段的需求。"巷子里"突破空间功能面向单一化的问题，在设计中融入"全龄化"的概念，即面向各个年龄段的人群，提供多样化的服务和活动，满足不同年龄层次的需求和利益，打造出让人们能够在空间中自由交流、互动、学习和娱乐的社区共享空间。

公共服务设施作为空间的重要组成部分，要充分考虑到社区中弱势群体的实际需求。"巷子里"以通道、盲文、透明的玻璃门窗等方式实现"可视化"空间的无障碍性，在设计上给予弱势群体与普通群体平等享用空间的机会。

（3）创新的方式

"巷子里"在规划和建设中采用暖黄色的木制墙体、透明的玻璃门窗等元素，内部设有信息墙、展厅、长桌区、户外花园、户外长椅平台等区域提供多种休闲功能，除了老年人打麻将、遛弯之外，也有青年人、儿童来到这个颜值与功能俱佳的空间里打卡、拍照与休憩，提高了各年龄段人群社区居住的舒适度和人居环境的质量。"巷子里"定制的通道和盲文、专用的饮水机和卫生间、特别的休息区等设计，创造了一个舒适、安全与友好的空间，方便残障人士的进出与使用。这些服务都能够让残障人士更加轻松地参与社区活动，并且感受到社区的关爱和温暖。

（4）影响

"巷子里"将过去单一的功能空间变为多元化、开放式的社区公共服务和活动中心，人们可以相遇、聊天、分享彼此的生活经验和文化背景，这种互动满足了不同年龄层次人群的需求，有助于提高社区居民的幸福感、满意度，并建立更紧密的社区联系和共同体意识。此外，"巷子里"也为残障人士扫除设施上的障碍，提供交流和互动的机会，促使其更好地融入社区生活中。"巷子里"独特的设计和创新理念，吸引很多人前来打卡和拍照，在进一步提高社区知名度和吸引力的同时，还能带动周边商业的发展，以促进其未来发展与进步。

参考文献

中文著作

包亚明：《现代性与空间的生产》，上海教育出版社2003年版。

何艳玲：《人民城市之路》，人民出版社2022年版。

刘兆鑫：《空间政治：城市公共空间的生成逻辑与治理政策》，中央编译出版社2019年版。

陆铭：《向心城市》，上海人民出版社2022年版。

外文著作

［法］亨利·列斐伏尔：《空间与政治》，李春译，上海人民出版社2015年版。

［美］Edward W. Soja：《第三空间：去往洛杉矶和其他真实和想象地方的旅程》，陆扬等译，上海教育出版社2005年版。

［美］Edward W. Soja：《后大都市：城市和区域的批判性研究》，李钧等译，上海教育出版社2006年版。

［美］爱德华·W. 苏贾（Edward W. Soja）：《寻求空间正义》，高春花、强乃社等译，社会科学文献出版社2016年版。

［美］戴维·哈维：《叛逆的城市：从城市权利到城市革命》，叶齐茂等译，商务印书馆2014年版。

［美］亚历山大·加文：《如何造就一座伟大的城市》，胡一可等译，江苏凤凰科学技术出版社 2020 年版。

［英］戴维·哈维：《社会正义与城市》，叶超等译，商务印书馆 2022 年版。

［英］尼尔·史密斯：《新城市前沿：士绅化与恢复失地运动者之城》，李晔国译，译林出版社 2018 年版。

中文期刊

陈鹏：《城市社区治理：基本模式及其治理绩效——以四个商品房社区为例》，《社会学研究》2016 年第 3 期。

陈水生：《中国城市公共空间生产的三重逻辑及其平衡》，《学术月刊》2018 年第 5 期。

陈水生：《中国城市公共空间治理模式创新研究》，《江苏行政学院学报》2018 年第 5 期。

费孝通：《中国现代化：对城市社区建设的再思考》，《江苏社会科学》2001 年第 1 期。

何艳玲：《"法律脱嵌治理"：中国式邻避纠纷的制度成因及治理》，《中国法学》2022 年第 4 期。

梁慧星：《制定中国物权法的若干问题》，《法学研究》2000 年第 4 期。

曲青山：《人民群众：共产党的根基、血脉和力量源泉》，《马克思主义与现实》2019 年第 2 期。

孙炳炎：《论都市马克思主义的资本主义城市空间批判思想——基于不平衡地理发展理论的视角》，《世界哲学》2020 年第 5 期。

汪仕凯：《将人民带回中国政治研究》，《政治学研究》2023 年第 2 期。

王利明：《论业主的建筑物区分所有权的概念》，《当代法学》2006 年第 5 期。

吴苏、刘能：《业主与物业公司之间控制权的分配逻辑》，《社会发展研究》2021 年第 3 期。

吴晓林：《党建引领与治理体系建设：十八大以来城乡社区治理的实践

走向》,《上海行政学院学报》2020 年第 3 期。

吴晓林、郝丽娜:《"社区复兴运动"以来国外社区治理研究的理论考察》,《政治学研究》2015 年第 1 期。

吴晓林、覃雯:《走出"滕尼斯迷思":百年来西方社区概念的建构与理论证成》,《复旦学报》(社会科学版) 2022 年第 1 期。

肖林:《"'社区'研究"与"社区研究"——近年来我国城市社区研究述评》,《社会学研究》2011 年第 4 期。

徐俊忠、吕晓琳:《毛泽东"人民"概念的历史考察》,《马克思主义与现实》2023 年第 6 期。

颜昌武、杨怡宁:《空间生产视角下社区治理共同体的营造——以老旧小区电梯加装为透镜》,《理论与改革》2024 年第 1 期。

张诚:《公共空间冲突:特征、机理与治理》,《深圳大学学报》(人文社会科学版) 2020 年第 1 期。

郑震:《空间:一个社会学的概念》,《社会学研究》2010 年第 5 期。

朱亚坤:《西方马克思主义空间理论的三大批判主题探微》,《世界哲学》2022 年第 4 期。

外文期刊

Ajay Garde, "New Urbanism: Past, Present, and Future", *Urban Planning*, Vol. 5, No. 4, 2020.

GerritKnaap, Emily Talen, "New Urbanism and Smart Growth: A Few Words from the Academy", *International Regional Science Review*, Vol. 28, No. 2, 2005.

Henri Lefebvre, *The Production of Space*, Oxford: Blackwell, 1991.

Henri Lefebvre, *Critique of Everyday Life*, London: Verso, 2002.

Jacinta Francis, Billie Giles-Corti, Lisa Wood, and Matthew Knuiman, "Creating Sense of Community: The Role of Public Space", *Journal of Environmental Psychology*, Vol. 32, No. 4, 2012.

KurtIveson, "Building a City for 'the People': The Politics of Alliance-building in the Sydney Green Ban Movement", *Antipode*, Vol. 46, No. 4, 2014.

LynnStaeheli, Donald Mitchell, *The People's Property?: Power, Politics, and the Public*, New York: Routledge, 2008.

Matthew Carmona, "Contemporary Public Space, Part Two: Classification", *Journal of Urban Design*, Vol. 15, No. 2, 2010.

William J. Goode, "Community within a Community: The Professions", *American Sociological Review*, Vol. 22, No. 2, 1957.

Xuefan Zhang, Yanling He, "What Makes Public Space Public? The Chaos of Public Space Definitions and a New Epistemological Approach", *Administration & Society*, Vol. 52, No. 5, 2020.

后　　记

　　空间，关于它的讨论凝结着学术共同体源源不断的知识积淀。从这样关键且知识体系丰富的概念出发来展开我们的讨论，始终让人诚惶诚恐。然而，正是这些从本体论到认识论再到方法论的探讨，帮助我们打开了知识之窗。在理论丛林中与前人同行，让我们多了几分从容与淡定。

　　我们关注空间的初心来自我们身处其中，并与其产生各种各样的关联。人与空间的关系绝非抽象的存在，而是在我们的日常生活中不断地被感知、被改造和被建构，同时也在塑造着我们的认知、情感和行为。我们试图用"社区公共空间"这一概念去理解街区尺度、与人民生活紧密相关的附近空间。空间承载着个体的悲欢喜乐。我们欣喜于公共空间呈现更具地方性的色彩。"city walk"不仅是城市生活的新形式，更是生活在城市的人们对于街区空间的那份亲近感和好奇心。社区空间营造的魅力在于，赋予空间以想象力，以灵巧的空间设计和有趣的活动安排让陌生人之间建立新连接。空间记录着城市的历史，也将见证着城市的未来。以人民为中心的空间治理既要回应因制度惯性而形成的现实需要，同时又要迎接因城市发展变迁而产生的新挑战。

　　我们关注空间治理的复杂性，并试图在日常生活的琐碎中发现和分析空间治理的痛点和难点。以人民为中心的空间治理之痛在于，即便是生活小事也有可能转化为危及生命安全的重大问题。以人民为中心的空间治理之难在于如何在资源有约束、制度有限度、参与主体多元且诉求分化的前提下，依然能够达成集体共识。因为即使是方寸之地，也会牵涉诸多法律规定、社会习惯和治理过程。国家、社会和市场在此相遇，制度、观念、行动在此交叠，空间矛盾产生的背后关乎制度设计是否完备、资源分配是否合理、空间秩序是否稳定、产权身份是否有效、个体经验是否被重视等诸多面向。这本书中呈现了具体情境下社区公共空间治理所面临的困境，并寻求消解空间矛盾的可能思路。我们希望通过这些努力能够为社区公共空间治理提供有益的参考。

特别感谢何艳玲教授对于书稿的细心指导与宝贵建议。当然，一项研究的推进离不开团队的支撑。在此，特别感谢陈逊鹏、余天天、罗义、朱滔、徐帆、谢彤、李东泽、申佳新等同学在资料收集、整理过程中所做出的贡献。大家团结一致的合作共同促成了这本书的出版。

感谢中国社会科学出版社支持本书的出版，感谢杨晓芳编审对于本书高效、认真且细致的编校工作。正是杨老师的辛苦付出和持续推动，才使得这本书能够顺利出版，与广大读者见面。

人民城市人民建，人民城市为人民。回归人民本位不仅是空间治理的价值倡导和基本立场，更是能与人民产生共鸣的行动选择。因此，以人民为中心的空间治理如何让城市生活更美好始终是具有生命力的理论与实践命题。这本书只是呈现了社区层面公共空间的样态、特质与治理过程。而以人民为中心的空间治理仍然需要更深刻的洞察和理论想象，也需要丰富的实践智慧，以此来实现人民对美好生活的向往。

周寒　张雪帆
2024 年 3 月 31 日于广州